聖經芝麻開門

植物故事

|柳摩西著|

推喇奴

目 錄

更正：本書中的希伯來文單字，請由左往右讀，希伯來文應為由右往左讀。

讀經的密碼——植物

為何耶穌要詛咒時候未到而結不出果子的無花果樹？

到底分別善惡樹是什麼樹？

難道芥菜種真的能長大成樹，讓飛鳥宿在它上面嗎？

在素有棕樹城之稱的耶利哥，撒該為何不爬到棕樹上，

而是爬到桑樹上？

當耶穌進耶路撒冷城時，為何猶太人要揮舞棕樹枝迎接祂？

為何亞伯拉罕要在別是巴栽種一棵垂絲柳樹？

為何大衛要祈求用牛膝草來洗淨自己？

難道施洗約翰真的在曠野中抓蚱蜢來充饑嗎？

為何所羅門要使用香柏木來建造聖殿？

為何以利亞要在羅騰樹底下求死？

　　我現在仍然忘不了去年冬天在美國紐澤西州的初代教會，首次以在以色列生長的「聖經植物」為主題所舉辦的研習會。許多人聽說要以聖經植物為主題舉辦為期四天，合計十個小時的研討會時，都感到非常驚訝，因此很容易猜想到人們心裡可能會覺得：「聖經植物果真能成為十個小時的研習會主題嗎？」

當然，我長久以來關注這個主題，並且深入研究，然而由於這是第一次不在韓國，而是以海外僑胞為對象來帶領研習會，起初我確實對人們的反應感到耿耿於懷，但出乎意料的是，人們的回應卻非常熱烈。我從芝加哥暖身開始，經由紐澤西州，再到洛杉磯的各教會帶領研習會，並在神的恩典中結束了在美國為期一個月的行程。在這段期間，我受到許多人的鼓勵和愛，也非常感謝神在研習會期間膏抹、使用我。為了因應許多人的要求，我決定把研習會的內容整理成書，付梓出版。

試著透過聖經植物來瞭解聖經，是一種非常陌生又新鮮的方式。對於專攻中醫又在以色列取得現代醫學博士學位的我來說，那些生長在聖地以色列的植物，其意義遠不止是單純的「樹和草」。在業餘時間蒐集與整理以色列植物資料時，我更加確信為了正確地瞭解聖經，就必須有系統地學習聖經植物。

為何要學習聖經植物？

1. 聖地以色列是許多種植物的生長地。無論是在耶穌時代，還是經過兩千年後的現代，這些植物一直保持著原來的樣子。

這使我想起高麗末年、朝鮮初期的作家吉再的一首著名詩句。

匹馬回首五百年都邑地，江山依舊，人傑無蹤。

以色列聖地是世界各地的基督徒，為了體驗兩千年前耶穌的腳蹤，而前來朝聖的地方。然而實際去瀏覽古蹟，卻只會接觸到人造的建築物，所謂的「紀念教會」就聳立在那裡，因此想要領受活潑恩典的朝聖者往往不得其門而入。然而，若說在今日還有什麼事物能夠重現耶穌生活的時代，那就是聖地以色列的山川草木了。例如：耶穌和門徒坐船往來、還曾經平靜其風浪的加利利湖；到了春天，必定會在加利利湖邊，如雜草般長出來的芥菜草，亦是如此。所以在聖經中出現的許多植物的比喻，不僅能重現聖經時代的情景，還能夠幫助我們以立體的角度來瞭解聖經。

2. 聖經中出現的植物比喻數量超乎我們的想像。

有一些比喻令我們感覺混淆不清、根本想不到是植物的東西，其實是指植物。

> 人怕高處，路上有驚慌，杏樹開花，蚱蜢成為重擔，人所願的也都廢掉；因為人歸他永遠的家，弔喪的在街上往來。
>
> _傳道書12：5

閱讀這節經文時，把「蚱蜢」和「人所願的」理解成植物的人並不多。即便不把它理解成植物，也有多少人會把「蚱蜢成為重擔」或「人所願的也都廢掉」此表達，與傳道書十二章的主題「衰敗的日子突然來到」連貫在一起解釋呢？

3.瞭解聖經中出現的眾多植物比喻，並不是一件簡單的事。

使用植物做比喻，其目的是用常見的事物來做說明，讓我們更容易瞭解神的話語。但是對我們來說，這些比喻確實有如謎語，甚至聽起來還會感到莫名其妙。雖然有很多原因導致這種現象，但主要原因還是因為我們未曾見過那些植物的緣故。所以若透過圖片看到這些植物的樣子，就會比較容易理解。屬於溫帶地中海型氣候的以色列各地，生長著身處在地球另一端、地理氣候完全不同的我們未曾見過的植物。

拿但業對耶穌說：「你從哪裡知道我呢？」耶穌回答說：「腓力還沒有招呼你，你在無花果樹底下，我就看見你了。」

_ 約翰福音1：48

拿但業透過腓力傳道而來到耶穌面前，但他卻懷著「拿撒勒還能出什麼好的嗎？」的疑心。即使如此，耶穌仍給予拿但業最大的稱讚，說：「看哪，這是個真以色列人，他心裡是沒有詭詐的。」對於拿但業問祂「你從哪裡知道我」的問題，耶穌作了莫名其妙的回答，說：「腓力還沒有招呼你，你在無花果樹底下，我就看見你了。」雖然對我們來說，這句話似乎毫無意義，但是對拿但業來說，卻像匕首般插進他的心靈，也因著這句話，拿但業承認耶穌是彌賽亞。

拿但業說：「拉比，你是神的兒子，你是以色列的王。」

_ 約翰福音1：49

到底拿但業在無花果樹底下做什麼，以至於當耶穌指出他在無花果樹下時，瞬間就把他「拿撒勒還能出什麼好的嗎？」的疑心一掃而空，立即宣告耶穌就是彌賽亞？

4. 就算不是植物學家，若要對某些經文有深入的瞭解，仍然需要對植物有某種程度的認識。

至少要對那些植物開花結果的時間，或雄蕊和雌蕊的區別有所瞭解，才能正確地瞭解其話語的意思。

> 遠遠地看見一棵無花果樹，樹上有葉子，就往那裡去，或者在樹上可以找著甚麼。到了樹下，竟找不著甚麼，不過有葉子，因為不是收無花果的時候。耶穌就對樹說：「從今以後，永沒有人吃你的果子。」他的門徒也聽見了。
>
> _ 馬可福音11：13-14

耶穌在最後的逾越節來臨之前，詛咒了沒有結果子的無花果樹，而且聖經還很清楚地指出「因為不是收無花果的時候」。我們難以想像耶穌到底為什麼要詛咒尚未到收成時候，而沒有無花果可收的無花果樹，因為這句話，我們難以瞭解這節經文，但是若能明白以色列的無花果樹在何時結果子，就不會有這種困難了。

5. 在聖經裡出現的植物比喻中，含有聖經時代猶太人獨特的思維、表現及文化。所以對此有所認識時，有助於瞭解聖經。

舉例來說，假設《紅樓夢》如聖經般被傳遍全球，翻譯成各國語言供人閱讀，美國人若想正確瞭解被翻譯成英文的《紅樓夢》，首先必須瞭解明清時代的人文思想、文化和風情。同樣地，若想正確瞭解在以色列小小的一塊土地上誕生的聖經，首先必須瞭解聖經時代猶太人的文化。

　　一如在「瓜田不納履，李下不整冠」、「無心插柳柳成蔭」等與植物有關的俗語中，隱含華人的思維、表現以及文化一樣，在聖經植物的比喻中，同樣也隱含正確瞭解聖經時所需要的密碼。這本書將會以在以色列生長的無花果、橄欖、葡萄、桑樹、香柏木、牛膝草、羅騰樹等聖經植物的故事，解開難以理解的經文之謎。所以每當你翻開新的一頁時，都會情不自禁地驚歎。本書以一世紀猶太人的文化和風俗，幫助你打開重新理解聖經的眼光，且會提供開啟過去無法解答之謎的密碼。聖經之門將會向你敞開！

在耶路撒冷橄欖山腳下

柳摩西

為何耶穌要詛咒無花果樹？

未結果子的無花果樹

●● 詛咒無花果樹事件的祕密

談到無花果的故事，我們就從令人印象最深刻又有趣的「詛咒無花果樹事件」開始吧！

> 遠遠地看見一棵無花果樹，樹上有葉子，就往那裏去，或者在樹上可以找著甚麼。到了樹下，竟找不著甚麼，不過有葉子，因為不是收無花果的時候。耶穌就對樹說：「從今以後，永沒有人吃你的果子。」他的門徒也聽見了。
>
> _ 馬可福音11：13-14

耶穌在以逾越節羔羊身分被釘死在十字架上之前，曾在伯大尼詛咒無花果樹，這是基督徒都非常熟悉的故事。然而當被問到「為何耶穌要詛咒無花果樹」時，大部分人都會毫不猶豫地回答說：「因為沒有結果子啊！」但是作者馬可卻清楚地說明「因為不是收無花果的時候」。在讀這節經文時，若沒有這句話，我們反而更容易瞭解，但是我們不能隨意更改聖經的內容吧？

關於耶穌詛咒時候未到而無法結出果子的無花果樹一事，若人們不明就裡，很有可能會認為耶穌的品行有污點。舉例來說，假如父親看著剛滿一歲、才剛開始會搖搖晃晃地走路的兒子說：「跑！」因為兒子還未到會跑的年齡，當然不可能會跑。但是這個時候，如果父親詛咒這個不會跑的兒子說：「去死吧！」我們對這位父親會有什麼感想呢？由於無花果樹尚未到結果子的時候，

所以沒有結果子。

但是耶穌卻因為沒有結果子的緣故，而詛咒無花果樹。所以如果有人問你「耶穌為何要詛咒無花果樹」，你是否還能照樣回答說「因為沒有結果子」呢？因此，在耶穌的事奉生涯中，「詛咒無花果樹事件」堪稱一大醜聞。

耶穌詛咒無花果樹的理由是？

如同凡事都有定時，植物也有開花和結果的時候。在植物開花期，絕對不會有農夫急著想看到果子；同樣地，農夫在撒種後，會順其自然地忍耐等候到秋天才收割。但是耶穌毫不留情地詛咒時候未到而沒有結果子的無花果樹，這種情形不僅令我們感到不安，其做法也確實令我們覺得有點可怕，而且操之過急。

雖然大部分基督徒都知道詛咒無花果樹事件，但是知道這件事具有上述矛盾之處的並不多。對於耶穌詛咒無花果樹真正的意圖，比較有說服力的解釋，大都脫離不了以下兩種說法：

1.因為太過饑餓，所以一氣之下，便下了詛咒

聖經上記載，當耶穌從無花果之家—伯大尼出來時，耶穌餓了。當然，有些人在遇到饑餓時，會一時失去理性，尤其是體脂肪不足的人更是如此。這種人在餐廳點餐後，若是上菜的時間稍微晚一點，便會奪門而出。難道耶穌也是這種人嗎？祂也是屬於別的事都能忍受，惟獨不能忍受饑餓的那種人嗎？

2. 在面臨十字架的死亡前一時失去理性

這件事的時間背景為耶穌在事奉生涯中過最後一次逾越節。耶穌在伯法其被拿著棕樹枝迎接祂的群眾環繞，騎著驢得勝進城的那一天，就是棕枝主日，而無花果樹被詛咒事件發生在第二天，也就是禮拜一。之後經過禮拜四最後的晚餐，到了禮拜五，耶穌才死在十字架上。

耶穌比誰都清楚自己即將要死，因此耶穌可能是在得知自己四天後要死，一時承受不了死亡的恐懼和壓抑，才會失去理性，因而詛咒無花果樹，而這是第二種解釋。然而這兩種解釋都是根據字面意義提出的說法，有一種沒抓到重點的感覺。

尤其是第二種解釋，竟然還是著名的史懷哲博士的見解，所以這個問題是一個絕不可忽視的問題。史懷哲博士被視為最偉大的人道主義者，他承認耶穌的人性。在其著作《歷史耶穌的探索》（*The Quest of the Historical Jesus*）中，他說：

> 無花果樹被詛咒事件是顯示耶穌在面臨死亡時失去理性的一個關鍵性事件。

若這兩種解釋都不正確，那麼是否還有其他令人信服的看法，可以解釋無花果樹被詛咒事件？

初結的無花果「page」，一般的無花果「tehena」
若想要正確瞭解這段經文，就必須瞭解「無花果樹在以色列

是如何結果子？」

以色列位於中東地區，西鄰地中海，氣候獨特。在這樣的氣候下，自四月的逾越節開始直到十月的住棚節為止，無花果樹一共會結五次果子。以色列的氣候可區分為從四月延續到十月的旱季（夏天），以及由其餘月份構成的雨季（冬天）。在將近六個月的雨季期間，無花果樹枝葉凋零；等到冬天過去，快到逾越節的時候，無花果樹就會長出小小的樹葉，同時結出初結的果實，並在漫長的夏季中結五次果子。但是在希伯來文中，無花果樹初結的果實和後結的果實卻是完全不同的單字，在這其中隱藏著理解這段經文的奧祕！

聖經告訴我們，無花果樹被詛咒事件的時間背景是在第二天。由此可知，這一天是指耶穌在伯法其騎驢進耶路撒冷城潔淨聖殿後的隔天。逾越節期間初結的無花果，希伯來文為「page」（הגנב），後面依序結出來的無花果則是「tehena」(הנאת)。而無花果的英文單字「fig」亦是源自於希伯來語的「page」。

雖然指稱初結的無花果和後結的無花果的希伯來文並不相同，但是希臘文、英文、中文和韓文都把它翻譯成「無花果」。所以若不區分這兩種無花果的差別而來讀這段經文，就會提出匪夷所思的解釋。

以希伯來文為基礎重新讀這段經文，就會變成這樣：

第二天，他們從伯大尼出來的時候，耶穌餓了。遠遠地看見一棵無花果樹，樹上有葉子，就往那裡去，或者在樹上可以找著

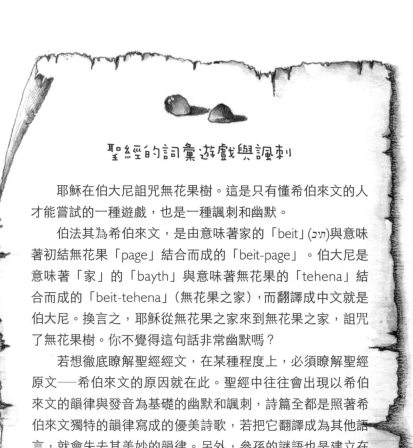

聖經的詞彙遊戲與諷刺

耶穌在伯大尼詛咒無花果樹。這是只有懂希伯來文的人才能嘗試的一種遊戲，也是一種諷刺和幽默。

伯法其為希伯來文，是由意味著家的「beit」(בית)與意味著初結無花果「page」結合而成的「beit-page」。伯大尼是意味著「家」的「bayth」與意味著無花果的「tehena」結合而成的「beit-tehena」（無花果之家），而翻譯成中文就是伯大尼。換言之，耶穌從無花果之家來到無花果之家，詛咒了無花果樹。你不覺得這句話非常幽默嗎？

若想徹底瞭解聖經經文，在某種程度上，必須瞭解聖經原文──希伯來文的原因就在此。聖經中往往會出現以希伯來文的韻律與發音為基礎的幽默和諷刺，詩篇全都是照著希伯來文獨特的韻律寫成的優美詩歌，若把它翻譯成為其他語言，就會失去其美妙的韻律。另外，參孫的謎語也是建立在這種希伯來文的韻律上，所以只要經過翻譯，其中所含的幽默和諷刺便會消失得無影無蹤。

參孫對他們說：吃的從吃者出來，甜的從強者出來。他們三日不能猜出謎語的意思。＿士師記14：14

這個謎語的解答是「還有什麼能比蜂蜜更甜，比獅子更強的呢？」雖然現代聖經有將以希伯來文韻律為基礎的謎語題目翻譯成為各國語言，但是卻變成連我們自己也完全無法瞭解、感到莫名其妙的一個句子。

我們全家是在 2000 年 2 月來到以色列，當時我的女兒只不過是十個月大的嬰兒。我女兒的名字是「賢智」，當時取名時希望她長大能成為像箴言中所說的有才德的婦人，成為賢淑又有智慧的女人，因而取了這個名字。這個孩子到以色列以後，成天發高燒，病得很嚴重。我看著發燒到四十多度高溫受苦的女兒，便向為我們全家代禱的同工發出代禱信：

「請大家為我的女兒賢智（發音同當地）能早日適應『當地』的生活禱告。」

這句話是我使用韓文的發音，自覺幽默而講的一句話。但是如果把它翻譯成中文或英文，就一點幽默感都沒有了。同樣地，如果不懂希伯來文的發音和韻律，就無法體會隱藏在聖經中的幽默。

在學習希伯來文的過程中，我發現聖經被翻譯成其他語言時，總是有一些令人惋惜之處，特別是像「伯大尼」一詞，它是帶有「家」（beit）之意的複合名詞。所以我覺得在翻譯時，若能有比較統一又兼顧一致性的翻譯方式，那該有多好。舉例來說，把bethlehem（伯利恆）分割為beth-lehem（麵包）；bethesda（畢士大）分割為 beth-esda（慈悲）；bethshemesh（伯示麥）分割為beth-shemesh（太陽）；bethel（伯特利）分割為beth-el（神）；bethshan（伯珊）分割為beth-shan（平安）；bethpage（伯法其）分割為beit-page（初結的無花果）等等，應該使用同樣的音做分割才對。如果有這種統一性，想必會更容易理解以色列的地名。

無花果(page)。到了樹下，竟找不著什麼，不過有葉子。當耶穌去找無花果(page)的時候，正好是逾越節期間，所以還不是收無花果(tehena)的時候。耶穌看到在逾越節期間，本該與葉子同時結出果子(page)的無花果樹沒有結出果子，只有茂盛的葉子，耶穌就對樹詛咒說：「從今以後，永沒有人吃你的果子。」

沒有果子的無花果樹與沒有果子的以色列

正如俗語中說「觀其果而知其樹」一樣，無花果樹在逾越節時應該要與葉子一起結出果子(page)，卻沒有結出果子，這件事確實有問題。因為這棵樹到了逾越節，卻還是無法結出果子(page)，只有茂盛的葉子，顯然就算經過漫長的夏天，也絕對結不出任何果子。

> 耶穌就對樹說：「從今以後，永沒有人吃你的果子。」他的門徒也聽見了。＿馬可福音11：14
> 早晨，他們從那裏經過，看見無花果樹連根都枯乾了。
> ＿馬可福音11：20

結不出果子的無花果樹比喻，應該是耶穌為了教導門徒而選擇的一種視覺教育。在這裡，耶穌以無花果樹空有葉子茂盛卻結不出果子的比喻，指出耶路撒冷的屬靈狀態。同時，在祂臨死之前，還想要教導門徒學習信心。

彼得想起耶穌的話來，就對他說：「拉比，請看！你所咒詛的無花果樹已經枯乾了。」耶穌回答說：「你們當信服神。我實在告訴你們，無論何人對這座山說：『你挪開此地，投在海裏！』他若心裏不疑惑，只信他所說的必成，就必給他成了。」_ 馬可福音11：21－23

●● 把以色列比喻為無花果樹初結果子的先知

以色列的無花果樹不會開花，只會同時結出葉子和果子。在中東地帶的無花果是亞得里亞形(Adriatic)，沒有雄花，所以是無性生殖，卻可以結果子。

逾越節時所結的無花果(page)，是與小葉子同時結出來的小果子。若與之後和大葉子一起結出來的無花果(tehena)相比，它的個頭小，糖分又低。

因此站在無花果樹主人的立場上來說，初結的無花果(page)根本就沒有商品價值，但還是要一一摘下來，否則具有商品價值的無花果(tehena)就會結不出來。所以無花果樹的主人為了不要自己辛苦地一一摘下初結的無花果，就會允許路人自由摘取這些果子來免費食用。這種做法等於是把不能拿到市場去賣的果子(page)免費送給路人，既博得人的好感，又能省下摘果子的工資，可謂一舉兩得的好方法！

那麼，過路的行人到底能得到什麼好處呢？在聖經時代，90%

以上的以色列人屬於貧窮的佃農，因此對當時的以色列人來說，那是可以及時滿足他們需要的值得感恩的禮物。

若想正確瞭解無花果(page)對當時以色列的佃農具有何種意義，首先就要瞭解以色列夏天的果實。

在以色列代表的七種農作物中，除了小麥和大麥以外，其他五種農作物（無花果、葡萄、石榴、橄欖、椰棗）都是屬於夏天的果實（申命記 8：8）。這五種夏天的果實會間隔一段時間結出果子，在一切碧綠發青的以色列夏天山地上，從八月的葡萄開始，到九月的石榴、十月的橄欖，直到十一月的椰棗，會依序結出果子。在以色列人的生活中，無花果、葡萄和橄欖是三大必需品。

問題是從十二月開始到四月結無花果(page)的這五個月期間，貧窮的佃農吃不到夏天的果實（當然少數富有的人會存放曬乾的椰棗和無花果，便於享用）。他們在寒冷的雨季（冬天）期間吃不到甜美果實，因此在旱季（夏天）開始的同時，就會熱切等待能白白得到的無花果(page)。這其中就包含了聖經時代以色列人獨特的文化背景。

雖然與一般的無花果(tehena)相比，初結的無花果(page)甜度較低，但是對長期以來渴望甜美果實的人來說，卻是最好的果子，也是最棒的一份禮物。在糧食不足的巴勒斯坦阿拉伯地區，當地的孩子把無花果(page)稱為糖果。從這一點上，多少也能體會聖經時代的文化趣味。耶穌在最後的逾越節來臨前一週經過的伯大尼和伯法其，都是與無花果有關的地方，所以耶穌在逾越節之前，應該有迫切地尋找過無花果(page)。

無花果樹只留下枯萎的葉子來度過漫長冬天，直到逾越節來

臨時，才與小葉子一起結出無花果(page)，這個奧祕不單單出現在無花果樹被詛咒的這件事上。在舊約聖經中，曾經出現過三次關於無花果樹初結果子(page)的話語，如果我們不瞭解聖經時代的文化背景，就絕對無法理解這些經文。

先知彌迦的描述──「我心羨慕初熟的無花果。」
彌迦在此非常獨特地描寫義人在猶大末期消失不見的情況。

> 哀哉！我（或譯以色列）好像夏天的果子已被收盡，又像摘了葡萄所剩下的，沒有一掛可吃的；我心羨慕初熟的無花果。_彌迦書7：1

對於在漫長冬天一直忍耐等候初夏時能看到無花果(page)的以色列人來說，沒有比看不到他們迫切渴慕的無花果更加絕望的處境。即使在經過漫長的冬天隧道之時，只要能遠遠望見隧道盡頭的一絲光芒，就能忍耐到底。但是在先知彌迦生活的南國猶大，卻是看不到任何希望的荒蕪之地。

先知何西阿的描述──「我看見你們的列祖如無花果樹上春季初熟的果子。」
何西阿活躍的年代，正值所羅門王朝最後的鼎盛時期，即北國以色列耶羅波安二世時代。他針對當時嚴重的貧富差距和猖獗的偶像崇拜發出歎息，說：

主說：我遇見以色列如葡萄在曠野；我看見你們的列祖如無花果樹上春季初熟的果子。你們卻來到巴力‧毗珥專拜那可羞恥的，就成為可憎惡的，與他們所愛的一樣。_ 何西阿書9:10

換言之，過去神在曠野中「看見他們的列祖如無花果樹上春季初熟的果子(page)」，然而他們的後裔進入應許之地，卻從事可憎的偶像崇拜，因此神大大忿怒。當以色列百姓經過曠野時，神就同如依戀著等候無花果(page)一樣地依戀著他們，這是多麼美麗的一種表達啊！

先知以賽亞的描述—「必像夏令以前初熟的無花果。」
在以賽亞活躍的南國猶大希西家王時代，北國以色列被亞述所滅。以賽亞以夏令時路過的行人要立刻摘下初熟無花果來吞吃，比喻北國以色列看似一場春夢般衰殘的榮美。

那榮美將殘之花，就是在肥美谷山上的，必像夏令以前初熟的無花果；看見這果的就注意，一到手中就吞吃了。

_ 以賽亞書28：4

經過漫長的冬天才好不容易結出來的果子，卻被路過的行人拿到手中立刻吞吃，可見一時的榮美有多麼短暫虛浮！

●●拿但業與無花果樹

拿但業透過腓力傳福音而來到耶穌面前，但他心中懷著「拿撒勒還能出什麼好的嗎？」的疑心。即使如此，耶穌仍給予拿但業最大的稱讚，說：「看哪，這是個真以色列人，他心裡是沒有詭詐的。」對於拿但業問祂「你從哪裡知道我」的問題，耶穌作了莫名其妙的回答，說：

「腓力還沒有招呼你，你在無花果樹底下，我就看見你了。」

雖然對我們來說，這句話好像謎語一樣，但是拿但業聽了這句話，卻馬上就宣告耶穌是彌塞亞。耶穌的這句話就像匕首一般，直刺拿但業半信半疑的心靈。

拿但業說：「拉比，你是神的兒子，你是以色列的王。」

腓力找到拿但業，對他說：「摩西在律法上所寫的和眾先知所記的那一位，我們遇見了，就是約瑟的兒子拿撒勒人耶穌。」拿但業對他說：「拿撒勒還能出甚麼好的嗎？」腓力說：「你來看！」耶穌看見拿但業來，就指著他說：「看哪，這是個真以色列人，他心裡是沒有詭詐的。」拿但業對耶穌說：「你從哪裡知道我呢？」耶穌回答說：「腓力還沒有招呼你，你在無花果樹底下，我就看見你了。」拿但業說：「拉比，你是神的兒子，你是以色列的王。」

_ 約翰福音1：45-49

到底拿但業在無花果樹底下做什麼事被看到呢？難道是在樹底下睡午覺嗎？還是躺在樹下，張口等待無花果掉下來？

無花果樹底下是學習妥拉的最佳場所

「你在無花果樹底下，我就看見你了。」這句話在拿但業聽來，難道也是一句答非所問，好像謎語般的回答嗎？當然不是！在一世紀所說的「在無花果樹底下」這句話，是猶太人常用、像俗語般的一種表達方式。

舉例來說，如果說：「哲生，我知道你昨晚跟愛玲在水磨坊做了什麼」時，父母世代可能馬上就知道他們昨晚在水磨坊做過什麼事，但對於子女世代來說，這句話卻沒有什麼意義。

在聖經時代，以色列擁有妥拉的人很少。當時手抄聖經妥拉是幾乎要積存一年薪資才能買得到的貴重品，所以在絕大部分都是擔心下一餐能否溫飽的佃農的以色列，只有較具規模的村莊會堂才會有妥拉。因此在沒有會堂的小村子裡，根本找不到適合學習妥拉的場所。從當時拉比的文獻可知，在沒有會堂的小村子裡，最多人推薦學習妥拉的最佳場所，就是無花果樹底下。

以色列的旱季非常炎熱、乾燥，所以在陽光底下，甚至連呼吸都會感到很困難；但是躲在樹蔭之下，就會感到非常涼爽。因此在以色列持續六個月的夏天氣候中，以茂盛的大葉子提供樹蔭的無花果樹底下，是向拉比學習妥拉、進行討論的最佳場所。而且在夏天連續不斷結果的無花果樹散發出來的香氣，還有清涼劑的作用，有助於提升記憶力。

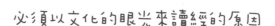

必須以文化的眼光來讀經的原因

　　人們之所以難以正確瞭解聖經，原因令人意外地簡單。因為聖經是兩千年前在名為以色列之地所寫的，因此想要填補時間和空間之間的差異，絕不簡單。因為父母和子女的時代不同，常會導致父母無法理解子女使用的表達和用語，子女也會難以理解父母時代的東西。特別像是出生於今天電腦時代的子女所使用的網路用語，對父母輩來說，簡直就像密碼一樣，其原因在於只要相差一個時代，就會產生新的文化和表達方式。即使生活在同一個年代也是如此，只要生活背景不同，就會產生差距。例如生長在台灣的孩子和生長在美國的華僑孩子所表達的內容，就會有很多彼此難以理解的地方。

　　所以若想正確瞭解聖經，就要首先填補時間和空間的差距。因此不能以兩千年後、活在今天這個時代的現代人眼光來讀經，而要以一世紀猶太人的眼光來瞭解聖經。

尋找真理的求道者──拿但業

　　拿但業是在無花果樹底下努力學習妥拉、尋找真理的一位求道者。耶穌早就看到為了尋求真理、躲避炎熱的夏天陽光，而來到無花果樹底下默想妥拉的拿但業。

「腓力還沒有招呼你，你在無花果樹底下，我就看見你了。」

這句話一舉抹除他始終認為耶穌只是拿撒勒出身的一位拉比的偏見，於是他立刻告白：

「拉比，你是神的兒子，你是以色列的王。」

現在，讓我們把耶穌的話和拿但業的承認、告白應用在自己的生活，來看看情況如何。

比如有一位基督徒想遇見神、聽見神的聲音，因此決定要進行一百天的晨禱。但是經過百日禱告後，仍然沒有得到神特別的啟示，也沒有聽見神的聲音，因而感到失落。這時候，耶穌來到他面前說：「當你在特別晨禱中迫切尋找我的時候，我就看見你了。」相信這位基督徒絕對會因著遇見神的感動，而開口承認、宣告：

「你是我的神！」

●● 分別善惡樹是無花果樹？

在第一次犯罪事件的記載中就出現無花果樹，可見無花果樹絕對是聖地以色列代表性的一種植物。在伊甸園摘下分別善惡果吃了以後，犯罪的亞當和夏娃出現的第一個反應，就是知道自己赤身露體，馬上便用無花果樹的葉子編織成裙子，遮住羞恥的部位。

那麼，為何偏偏要用無花果樹的葉子來遮蓋呢？這當然有很多種解釋，但其中最具有說服力的解釋是無花果樹的葉子又寬又

大，非常適合用來遮住羞恥的部位。假如用像橄欖樹葉一樣很小的葉子來遮蓋，必然會造成非常尷尬的情況。

> 他們二人的眼睛就明亮了，才知道自己是赤身露體，便拿無花果樹的葉子為自己編作裙子。_創世記3:7

到底分別善惡樹是哪一種樹呢？

西方似乎把位於伊甸園中央的分別善惡樹視為蘋果樹，但是蘋果樹並非中東地區的原生種，所以這可能只是西方文化的片面看法而已。那麼，活在以聖經時代為背景的以色列猶太人，又會認為分別善惡樹是哪一種樹呢？

最有可能性的樹，就是皂莢樹。皂莢果的希伯來文為「charub」(כורה)，「charub」的語源與意指滅亡的「macharib」(כירחמ)相同。

另外還有一種可能的樹，就是無花果樹。這個判斷是根據亞當和夏娃犯罪後，立刻用無花果樹的葉子編織裙子而作的解釋。猶太人認為，若摘下分別善惡果吃後，才知道自己赤身露體，並且馬上用無花果樹葉編織裙子，那麼無花果樹很可能是在離分別善惡樹非常近的地方，因此猶太人認為無花果樹本身，就是分別善惡樹的可能性很大。

●● 無花果樹的用途

加增希西家王壽命的無花果汁

希西家王因著阻擋亞述王西拿基立的攻擊而脫離危機，後來卻從以賽亞那裡聽到如同晴天霹靂的預言。

> 你當留遺命與你的家，因為你必死不能活了。_ 以賽亞書38:1

但是希西家王並沒有坦然地接受死亡，反而轉臉朝牆，禱告耶和華說：

> 耶和華啊，求你記念我在你面前怎樣存完全的心，按誠實行事，又做你眼中所看為善的。_以賽亞書38:3

耶和華垂聽希西家王迫切的禱告，就加增他十五年的壽數，並給他一個兆頭，把希西家的父親亞哈斯王製作的日晷，使其向前進的日影往後退了十度。同時還賜給希西家王病得痊癒的藥方——只使用無花果的單一處方。

> 以賽亞說：「當取一塊無花果餅來，貼在瘡上，王必痊癒。」
> _ 以賽亞書38：21

僕人便按以賽亞所說的取來一塊無花果餅，貼在希西家王的

瘡上，王的病便得痊癒。如今，現代醫學已經證實無花果汁對皮膚癌非常有效，所以希西家患的病也許就是皮膚癌吧？

快速的能量來源——無花果

大衛逃避掃羅的追殺而在曠野徘徊，帶著跟隨他的六百人投奔以色列的敵人——非利士的亞吉王，從而逃過一劫。

大衛從亞吉得到邊疆的城邑洗革拉後，作亞吉的忠臣一年四個月，開始了岌岌可危的亡命生涯。大衛首先把攻打以內蓋夫沙漠加低斯巴尼亞為根據地的亞瑪力所獲得的戰利品，分給了猶大南方的長老，然後對亞吉報假信說，他已攻打過猶大南方，因而獲得亞吉深厚的信任。

以色列人和非利士人為了爭奪以色列領土的霸權，即將在北方的耶斯列平原展開命運的決戰。於是非利士五王與亞吉聚集在亞弗召開參謀會議，一起討論大衛的參戰問題，結果除了亞吉以外，大衛並沒有得到非利士王的信任，因此只好返回洗革拉。當時備受大衛逼迫的亞瑪力人便利用大衛不在的時候，攻打洗革拉，擄走大衛和跟隨者的妻兒。

大衛為了救家人，從埃及渡過以色列境界的比梭溪，一路追趕亞瑪力人。這是一條漫長又艱辛的路程，結果有兩百人因為疲乏而未能渡過比梭溪，便留在那裡，所以大衛只能率領剩下的四百人渡過比梭溪。

在荒涼的耶斯列田野中，大衛一行人因為找不到亞瑪力人的行蹤而感到絕望，後來他們經過千辛萬苦，終於遇到一個亞瑪力

人的埃及僕人而抓到機會，獲得亞瑪力人安營地點的一級情報。

可是亞瑪力人的僕人因餓了三天三夜的緣故，幾乎精疲力竭。因此，大衛給他一塊無花果餅和兩個葡萄餅，讓他吃下並儘早恢復精神，後來終於問出情報，成功地完成營救俘虜的作戰計畫。所以大衛的營救作戰計畫，可稱為「無花果餅作戰計畫」。

> 又給他一塊無花果餅，兩個葡萄餅。他吃了，就精神復原；因為他三天三夜沒有吃餅，沒有喝水。_撒母耳記上30:12

無花果含有各種豐富的維生素和礦物質，由於含鐵量特別高，在以色列通常會強烈推薦孕婦食用。它不僅有高於麵包三倍的營養，還可快速提高血糖。若想讓一個長期饑餓的人早日康復，沒有比無花果更好的食物。尤其對於胰島素過量，而引起血糖急劇下降的低血糖患者來說，無花果汁是最好的處方，因為它能以最快的速度提高血液裡的血糖。

根據現代醫學證實的無花果營養成分來看，大衛給餓了三天三夜的亞瑪力人的僕人無花果餅和葡萄餅吃，是非常科學的一種解決方法。

●● 需要悉心照顧的無花果樹

無花果是需要費心照顧的果樹，尤其是當果子快要成熟時，

無花果樹叢

為了防止害蟲，必須用針線將果子一一地穿孔，這是需要很大勞動力的工作。如今在人工費用高漲的以色列，若要栽培無花果，經濟成本不合算，因此當地主要都是從土耳其和希臘兩國進口無花果。

無花果自初夏成熟開始，一整個夏天不停地結出果子。當果子成熟時，就要馬上摘下來，而且摘下來的果子會馬上熟透而腐爛。因此壓扁曬乾的無花果可說是聖經時代以色列人的代表性糧食。如此被壓扁曬乾的無花果，在聖經中被翻譯為「無花果餅」（撒母耳記上 25：18，30：12）。

如同我們會在春節時吃年糕一樣，猶太人也會在過年的吹角節（十月初）吃無花果餅。這種風俗是希望新年能有如無花果一樣甜美而來的。

根據箴言所說，「看守無花果樹的，必吃樹上的果子」，可知無花果的特性就是需要果園主人的悉心照顧。因為沒有人照顧的野生無花果，只不過是堆小樹叢而已，惟有悉心照顧的無花果樹，才會結出果子，並且可以長成葉子茂盛的樹木。

> 看守無花果樹的，必吃樹上的果子；敬奉主人的，必得尊榮。
> _ 箴言27：18

果園主人的悉心照顧，意指耶和華的悉心照顧

耶利米看到兩筐無花果的異象。一筐是「極好的無花果」，另一筐是「極壞的無花果」。到底極好的無花果與極壞的無花果

有何差別呢？雖然我們很容易把它們想成是兩種不同種子造成的結果，但是這兩種無花果的差別，只是在於悉心照顧和放手不管而已。

> 一筐是極好的無花果，好像是初熟的；一筐是極壞的無花果，壞得不可吃。於是耶和華問我說：「耶利米你看見甚麼？」我說：「我看見無花果，好的極好，壞的極壞，壞得不可吃。」耶和華的話臨到我說：「耶和華——以色列的神如此說：被擄去的猶大人，就是我打發離開這地到迦勒底人之地去的，我必看顧他們如這好無花果，使他們得好處。我要眷顧他們，使他們得好處，領他們歸回這地。我也要建立他們，必不拆毀；栽植他們，並不拔出。我要賜他們認識我的心，知道我是耶和華。他們要作我的子民，我要作他們的神，因為他們要一心歸向我。」耶和華如此說：「我必將猶大王西底家和他的首領，以及剩在這地耶路撒冷的餘民，並住在埃及地的猶大人都交出來，好像那極壞、壞得不可吃的無花果。」_耶利米書24：2-8

　　換句話說，神要悉心照顧被擄到巴比倫的猶大人，使他們成為好的無花果；並對留在猶大地的西底家王和他的首領放手不管，使他們成為壞的無花果。由此可知，兩種無花果的差別不在於種子的好壞，而是在於神是否要以果園主人的心來悉心照顧。

代表永久和平及繁榮的無花果

所羅門在世的日子，從但到別是巴的猶大人和以色列人都在自己的葡萄樹下和無花果樹下安然居住。

_ 列王紀上4：25

人人都要坐在自己葡萄樹下和無花果樹下，無人驚嚇。這是萬軍之耶和華親口說的。_ 彌迦書4：4

當那日，你們各人要請鄰舍坐在葡萄樹和無花果樹下。這是萬軍之耶和華說的。_ 撒迦利亞書3：10

要悉心照顧的無花果樹和葡萄樹，如同「針和線」一樣是慣用語，是聖經時代猶太人表達「永久和平及繁榮」的一種說法。列王紀的作者在描述與大衛時代不同、長期沒有戰爭而繁榮的所羅門時代時，說：「從但到別是巴的猶大人和以色列人，都在自己的葡萄樹下和無花果樹下安然居住。」在舊約中曾預言彌賽亞降生的先知彌迦和撒迦利亞，也使用相同的表達方式。由此可知，這種表達確實只有傳統的猶太人才會採用。

無花果意味著戰爭帶來荒廢

耶和華說：我必使他們全然滅絕；葡萄樹上必沒有葡萄，無花果樹上必沒有果子，葉子也必枯乾。我所賜給他們的，必離開他們過去。_ 耶利米書8：13

我也必毀壞她的葡萄樹和無花果樹，就是她說「這是我所愛的給我為賞賜」的。我必使這些樹變為荒林，為田野的走獸所吃。_何西阿書2：12

需要悉心照顧的無花果樹和葡萄樹，還會被當作描寫「戰爭之荒廢」的慣用語。先知耶利米和何西阿在描寫因著以色列的罪惡，神要懲罰他們的時候，也使用相同的表達。因為只要無花果和葡萄園的主人不好好看顧，一瞬間就會荒廢。

●● 末日的象徵──無花果樹

馬太福音二十四章往往被稱為「末日的章節」。馬太福音二十四章是從耶穌說：「將來在這裏沒有一塊石頭留在石頭上，不被拆毀了。」以此宣告聖殿會被毀壞而開始的。門徒因此深受打擊，站在耶路撒冷東邊的橄欖山上問耶穌：「什麼時候有這些事？你降臨和世界的末了，有什麼預兆呢？」

由於我們會把這節經文與耶穌的十字架事件以後發生的「希律聖殿的毀滅」（主後70年），和「最後的末日」連結在一起思考，因此很難解釋。尤其是二十四章中間出現的無花果樹的比喻，更使我們難以瞭解這節經文。當然，其中的奧祕必須追根究底才能明白，但是想挖掘其中的奧祕，絕不是單純只靠想像力就能辦得到的事。

你們可以從無花果樹學個比方：當樹枝發嫩長葉的時候，你們就知道夏天近了。這樣，你們看見這一切的事，也該知道人子近了，正在門口了。_馬太福音24：32-33

無花果樹顯明四季，尤其是報曉夏天的到來

對猶太人來說，無花果樹讓他們可以清楚知道以色列的四季變化與時節。在冬天（雨季）時，無花果樹所有的葉子都會掉落，只剩下灰色枯萎的枝子；邁入夏天（旱季），枝子就會長出嫩葉，初熟的無花果(page)也會和小葉子一起長出來，這個時候約是陽曆三、四月，可謂台灣的春季。到了五至十月的時候，葉子就會變大，反覆四次左右結出後來的無花果(tehena)，這個時候就是夏季。到了十一月的時候，就會流出黏黏的汁液，使空氣中的灰塵沾到果子與葉子上，外觀顯得骯髒，顯明秋季到來。

雖然無花果樹可以讓人分辨四季，但是在這裡是特別指著夏天說的。既然是在講末日的事，作者馬太為何偏偏提起夏天呢？對猶太人來說，夏天到底象徵什麼呢？

一提到夏天，人們常想到扇子或消暑的冰品，但是猶太人卻會想到末日。這是因為希伯來文的「夏天」和「末日」屬於同一個語源。一般來說，四季的順序雖然是春、夏、秋、冬，但是猶太人的四季卻是從秋開始，所以其順序是從秋開始，經過冬、春，到夏結束。

猶太人之所以從秋開始數算四季，是因為以色列的新年是從十月開始。因此，猶太人遵守的新年，是猶太曆第七個月「提斯

報曉春天近了的無花果樹

報曉夏天近了的無花果樹

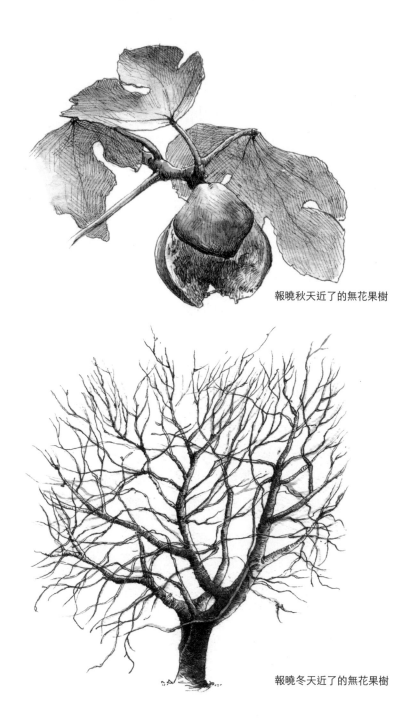

報曉秋天近了的無花果樹

報曉冬天近了的無花果樹

利」(ירשת)月（陽曆十月）的第一日。這就如同陽曆的新年是一月一日，但是我們卻按照習俗，仍以農曆的一月一日作為新年一樣。對以秋天開始新年的猶太人來說，四季的最後一季就是夏季。所以夏天近了，這句話對猶太人聽起來，就像是末日近了一樣。

救贖史的時鐘——以色列

無花果樹比喻的焦點，是在看到無花果樹就能知道四季。尤其對猶太人來說，更可以明白意味著末日的夏天近了。然而在此還有一個隱藏的重點，就是無花果樹象徵以色列國。在猶太聖經詮釋本《米大示》書中，有這麼一句話：

> 一如在無花果樹寬闊的樹蔭下，會有很多過客來休息一樣，耶路撒冷也必會成為從奴隸生活返回的所有人的避難所。

如果無花果樹象徵以色列國，並將夏天和末日視為同一個概念，就可以把無花果樹的比喻作如此解釋。

> 就像看到無花果樹的狀態，就可知夏天近了一樣，看到以色列的狀態，也可知末日近了。

以色列民族殺害彌賽亞後，被主審判，在主後七十年聖殿被毀，他們被四散到世界各地，並遭遇一切苦難。但是經過將近兩

千年後，新生的以色列國誕生了。所以在某種程度上，把現代的以色列與聖經的以色列連繫起來相提並論，到目前為止，仍然是一個有很多爭議的話題。

然而，所有人都認同一個事實：除了掌管歷史的神介入以外，任何歷史和理論都無法解釋「新生國家以色列的建國」。

分散在全球的猶太人返回以色列建國以後，在那地全心尋求神，並悔改、承認耶穌基督是主時，五旬節的復興再次臨到耶路撒冷，並以此為信號彈，使列國回轉歸向主。我想那一日應該就是救贖史的巔峰吧？

所以我們要豎起耳朵和天線來關注現代以色列的屬靈狀態，並要警醒度日。因為兩千年前五旬節聖靈降臨也無法相比的「大復興」(Great Revival)，從耶路撒冷開始傳到列邦的日子即將來臨。從這個角度來看，正如無花果樹可告知夏天的來臨一樣，以色列也可稱作「告知救贖史時間的時鐘」。

認清基督再臨和末日而過信仰生活的人，與沒有這種認知的人，在生活的態度上會截然不同。但是無論如何，在許多方面，我們生活的世界正好處於走向救贖史巔峰的末世時代。

該如何比喻忽視末世論的信仰生活呢？就如同不知考試日期而埋頭準備司法考試的人，或是不知決賽終點卻努力奔跑的馬拉松選手一樣。

所以你不覺得記住耶穌會再來的這件事，可以讓活在今天的我們提高警覺嗎？

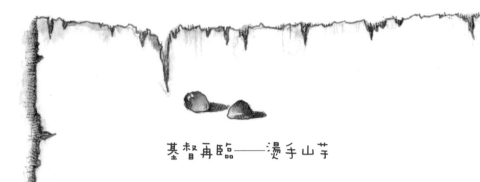

基督再臨——燙手山芋

正確瞭解末日和基督再臨，對現代的基督徒來說，是最必要的一件事。但是在教會，我們很少有機會聽到末日和基督再臨的教導，這也許是因為過去相關的空談太多而導致的結果。一如放羊的孩子說太多次狼來了，以致任何人都不再關心這件事一樣；只要稍微認真提一下末日，便會遭人懷疑是否是異端，而帶著異樣的眼光來看待。這就是今天的趨勢。

然而，我們必須強調健康的末世信仰。雖然末世論不是一個容易接觸的話題，但足可算是一個熱門話題。

此外，我們的偏見也都幾乎相同，只要一有人提到末世，就會反駁說：「那日子和時辰，沒有人知道」、「那一天有如賊來」，而藉此避開末世的話題。聖經上說：「主的日子來到，好像夜間的賊一樣。」（帖撒羅尼迦前書5：2）然而，在同一章經文中，卻又提到完全相反的話：

弟兄們，你們卻不在黑暗裏，叫那日子臨到你們像賊一樣。_帖撒羅尼迦前書5：4

換言之，雖然對於在黑暗裡的人，即對不信的人或不明白神旨意的基督徒來說，主的日子會像賊一樣來到，但是對於在光明裡明白神話語而作好準備的基督徒來說，絕不會像賊一樣來到。透過馬太福音二十五章裡出現的五個聰明童女和五個愚拙童女的比喻，也可以清楚地知道這件事。我認為每一位基督徒都必須明確瞭解這些經文，像那五個聰明的童女一樣，預備好油等候基督的再來。

聖經中有兩個關於末日的提示，分別是以色列民族和節期。利未記二十三章是提到猶太人七大節日（逾越節、除酵節、初熟節、五旬節、吹角節、贖罪日、住棚節）的「節期之章」。可是這七大節日並不單單只是猶太人的風俗和節期，而是耶和華的節期（利未記23：2）。

雖然各國都有屬於自己的風俗和節期，可是猶太人的節期是神親自定的所謂耶和華的節期，與一般節期確實有所不同。外邦國家是在事件發生之後，才會定一個日子為節期來遵守，但神卻是先預定好某個特別的日子，然後在那個日子使事件發生。

美國在七月四日發表《獨立宣言》，所以那日就成為美國的獨立紀念日。原子彈投到長崎和廣島上，導致日本宣布戰敗，於是一九四五年十月二十五日台灣也結束五十年的日據時代重獲自由，所以那日成為了台灣的光復節。可是惟有神是預先定好逾越節為特別的日子，並在那日用犧牲羔羊的

儀式，勝過死亡的權勢。所以從這個角度來看，以色列的節期絕不只是屬於猶太人的節期，而是屬於耶和華的節期。

神在創造天地的第一日，就作記號、定節令、日子、年歲（創世記1：14）。其中的記號，就是節期。記號可解釋為「定好的時間」（appointed time），希伯來語叫做「מוֹעֵד」（moed）。耶和華的節期是在以色列歷史開始之前就早已定好的，神照著這個記號（節期），預定在同一天被造的太陽、月亮和眾星運行的方式。

在利未記二十三章出現的七大節期，是彰顯神救贖事工的全景。逾越節象徵基督在十字架上的死亡，除酵節象徵基督與基督徒之間的相交，初熟節象徵基督的復活，五旬節象徵基督與聖靈事工的交替，吹角節象徵基督的再臨，贖罪日象徵基督的贖罪，住棚節象徵基督的審判。

宗教領袖因為怕引起民亂而不願意在逾越節對付耶穌，但是耶穌卻明確地以逾越節羔羊的身分被釘死在十字架上，並在三天後，即在聖殿獻上初熟之大麥的初熟節早上復活，成為所有睡了之人初熟的果子（哥林多前書15：20）。後來到了五旬節，便有應許的聖靈降臨，完成了基督與聖靈的任務交接。所以未來我們要等候的節期，只剩下吹角節、贖罪日以及住棚節。

尤其是在關於耶穌基督再來的經文中，出現很多號角的記載，這是在強調耶穌會在吹角節降臨。耶穌在逾越節受

死，絕不是偶然。耶穌在初熟節復活成為睡了之人初熟的果子，也絕不是偶然。這些都是根據神在創世的第一天所作的記號（節期）而成就的。同樣地，未來基督的降臨，也照樣會在吹角節成就。

雖然我們不知道耶穌基督何時再來，但也不必要猜想、討論預言末日的時間，而要在這個悖逆神的世界上，靈命保持警覺，順服聖經中的命令，為神過正直、聖潔的生活，隨時作好準備，等候祂再來。

他要差遣使者，用號筒的大聲，將他的選民從四方（方：原文是風），從天這邊到天那邊，都招聚了來。
_ 馬太福音24：31

我如今把一件奧祕的事告訴你們：我們不是都要睡覺，乃是都要改變。_ 哥林多前書15：51

因為主必親自從天降臨，有呼叫的聲音和天使長的聲音，又有神的號吹響，那在基督裏死了的人必先復活。_ 帖撒羅尼迦前書4：16

為何耶穌要在客西馬尼園禱告？

刻苦耐勞的橄欖樹

在新標點和合本聖經裡被譯為橄欖樹的植物，是指以色列的油橄欖(Olea europaea)，與中國橄欖(Canarium album)不同。油橄欖是脣形目、木犀科、木犀欖屬植物；中國橄欖是無患子目、橄欖科、橄欖屬植物。

在聖經裡，橄欖樹往往象徵「榮耀與美麗」。「他的榮華如橄欖樹」、「從前耶和華給你起名叫青橄欖樹，又華美又結好果子」，這些如詩般的表達中，也蘊含了其象徵。若說獅子是動物之王，橄欖樹可謂樹木之王。

●● 詩篇23篇與橄欖樹

杖和竿不是反覆的同義詞

詩篇第二十三篇與第一篇相同，都是人們熟知並常常誦讀的詩篇之一。這首詩歌是由在猶大曠野牧羊、伯利恆出身的牧羊人大衛宣告耶和華是牧羊人，而頌讚的美麗詩歌。許多基督徒在背誦詩篇第二十三篇時，常常會因為不熟悉猶大曠野和牧羊人生活，而對其中的比喻產生疑惑，「你的杖，你的竿，都安慰我」就是其中之一。

> 我雖然行過死蔭的幽谷，也不怕遭害，因為你與我同在；你的杖，你的竿，都安慰我。_詩篇23：4

以色列人經過曠野後，在迦南定居下來，隨著轉型為農耕社會，他們忘記在曠野中事奉的神，開始拜迦南人所事奉的繁殖神明，那就是巴力和亞舍拉。

但是大衛卻宣告，惟有那位以色列人在曠野中事奉的耶和華神是真正的牧者。因為對羊群來說，牧羊人的杖和竿就是在充滿危險的曠野中保護牠們生命的重要工具，所以羊群才會藉著牧羊人的杖和竿得著安慰。

一般來說，人們常因為不明白杖和竿的差別，才會單純地把它們想成是反覆的同義詞。雖然杖和竿都是來自橄欖樹樹枝，但是它們的用途卻不同，只有瞭解牧羊人生活的人才會理解。

從樹幹長出來的樹枝和從樹根長出來的樹枝

橄欖樹有從樹幹長出來的樹枝和從樹根長出來的樹枝。在聖經中，這兩種橄欖樹樹枝都具有獨特的象徵意義，對於從未見過橄欖樹的人，絕對難以想像或甚至無法瞭解其意。

從樹幹長出來的樹枝，希伯來文為「רתוח」(hoter)。它與一般樹枝連接的部位較粗，所以被牧羊人當作杖來使用。牧羊人在牧羊時，會拋杖來指示方向。此時，因為杖較粗的部位比較重，所以那個部位就會先著地。

而且，杖對牧羊人來說，也是一種非常強而有力的武器。所以牧羊人會把杖插在腰上到處走動，每當遇到獅子或猛獸攻擊羊群時，就會使用杖較粗的部位來擊打猛獸的頭部，進而擊斃。

被牧羊人當作杖來使用的橄欖樹樹枝

大衛在牧羊時，為了保護羊群，經常用杖來對抗獅子或熊的攻擊，堪稱經驗豐富。甚至在與非利士勇士歌利亞打仗時，他也隨身攜帶這根杖。

> 他手中拿杖，又在溪中挑選了五塊光滑石子，放在袋裏，就是牧人帶的囊裏；手中拿著甩石的機弦，就去迎那非利士人。＿撒母耳記上17：40

從樹根長出來的樹枝，稱為「נצר」(netzer)。它是以圓形圍繞著橄欖樹樹根長出來的樹幹，而且除了一兩根主要樹幹以外，其餘都會被修剪掉。至於剩下來的一兩根樹幹，則會被當作樹苗來栽種。聖經中有些地方把它翻譯成「橄欖栽子」。

> 你妻子在你的內室，好像多結果子的葡萄樹；你兒女圍繞你的桌子，好像橄欖栽子。＿詩篇128：3

因為聖經時代沒有生育計畫，所以父母膝下一定會有很多子女。在吃飯時，子女圍繞在飯桌前的樣子，就好像圍繞著樹根長出來的樹幹一樣。

「你兒女圍繞你的桌子，好像橄欖栽子。」

對於未曾見過橄欖樹樹幹的人，很難靠著想像力來描繪這句話呈現的畫面。

除了留下一兩根樹幹當作樹苗來使用以外，被剪掉的樹幹通

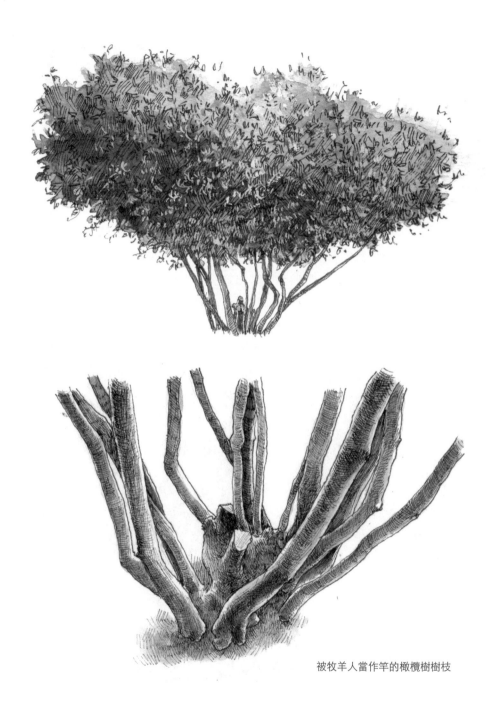

被牧羊人當作竿的橄欖樹樹枝

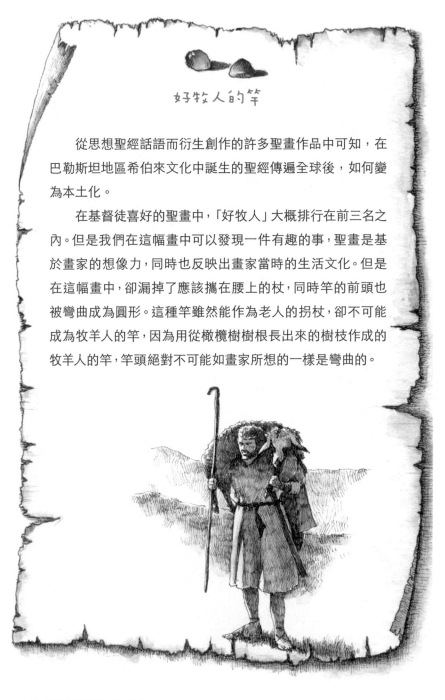

好牧人的竿

　　從思想聖經話語而衍生創作的許多聖畫作品中可知，在巴勒斯坦地區希伯來文化中誕生的聖經傳遍全球後，如何變為本土化。

　　在基督徒喜好的聖畫中，「好牧人」大概排行在前三名之內。但是我們在這幅畫中可以發現一件有趣的事，聖畫是基於畫家的想像力，同時也反映出畫家當時的生活文化。但是在這幅畫中，卻漏掉了應該攜在腰上的杖，同時竿的前頭也被彎曲成為圓形。這種竿雖然能作為老人的拐杖，卻不可能成為牧羊人的竿，因為用從橄欖樹樹根長出來的樹枝作成的牧羊人的竿，竿頭絕對不可能如畫家所想的一樣是彎曲的。

常會被牧羊人當作竿，這是聖經時代以色列人的一種風俗，而且這個竿比插在腰上的杖還要長。一般來說，牧羊人在牧羊時，都會把這個竿握在右手。而且，當牧羊人把羊群從危險之地帶領到安全的地方時，也都會使用這個竿。另外，如同盲人使用拐杖來尋路一樣，牧羊人也會使用這個竿來測量水和泥土的深度。

代表彌賽亞的杖和竿

若在腦海裡想像著牧羊人的杖和竿的畫面，以此來閱讀以下的經文，就會體會到另外一種意境。

> 摩西就帶著妻子和兩個兒子，叫他們騎上驢，回埃及地去。摩西手裏拿著神的杖。_出埃及記4：20
> 你們吃羊羔當腰間束帶，腳上穿鞋，手中拿杖，趕緊地吃；這是耶和華的逾越節。_出埃及記12：11
> 求耶和華在迦密山的樹林中，用你的杖牧放你獨居的民，就是你產業的羊群。求你容他們在巴珊和基列得食物，像古時一樣。_彌迦書7：14

在以色列，用杖引導、管理羊群的牧羊人形象，就是理想領袖的形象。這種模式後來逐漸成為象徵君王的「圭」。

> 圭必不離猶大，杖必不離他兩腳之間，直等細羅（就是『賜平安者』）來到，萬民都必歸順。_創世記49：10

從橄欖樹的樹幹和樹根長出來的樹枝是象徵彌賽亞。

> 從耶西的本（原文是不）必發一條；從他根生的枝子必結果實。＿以賽亞書11：1

從樹幹長出來的「杖」象徵引導與保護羊群的牧羊人彌賽亞；從樹根長出來的「竿」象徵不死的幼苗，即猶大支派出身、為後代長存下來的大衛王朝，也就是彌賽亞王朝。

拿撒勒與彌賽亞

馬太說明耶穌來到拿撒勒度過童年，就是先知預言成就的一個過程。

> 到了一座城，名叫拿撒勒，就住在那裏。這是要應驗先知所說，他將稱為拿撒勒人的話了。＿馬太福音2：23

在四福音中，只有馬太福音有提到過這件事情。可是在舊約聖經裡，沒有一位先知曾說過這種預言，所以聖經評論家主張聖經有誤，時常以這句話來嘲弄聖經。原因就在於舊約裡沒有一位先知曾預言說，將要來的彌賽亞會「被稱為拿撒勒人」。

但有趣的是，知道這件事的基督徒並不多。雖然這是人們在攻擊聖經有誤時，經常使用的主張，但是對應該為這件事辯護的基督徒來說，卻根本不明白這句話錯在哪裡。

那麼，難道是馬太記錯了嗎？還是馬太的記載中，有我們不知道的隱藏意圖呢？我們絕不能再犯史懷哲博士在「無花果被詛咒事件」中所犯過的錯誤。在聖經的一些比喻和描述中會出現我們無法理解的地方，只是因為我們的理解力不夠，而不是聖經有誤。

這句話的核心在於「拿撒勒」一詞的原文。拿撒勒的希伯來文是「תרצנ」(natzar)，這個字源自從橄欖樹樹根長出來的枝子「רצנ」(netzer)。猶太人很喜歡引用希伯來文的子音來玩猜字遊戲，因為希伯來文本來就沒有母音，而只有子音。

對猶太人來說，「רצנ」(netzer)就是意味著彌賽亞。因此在「祂被稱為拿撒勒人」這種猶太人的表達方式中，我們很容易明白馬太的意圖，即說明「在拿撒勒長大的耶穌，就是彌賽亞。」因為馬太福音的寫作對象不是外邦人，而是猶太人，所以可以這樣表達，但是對於不瞭解猶太文化的外邦人來說，這種表達方式反而成為一種陷阱和絆腳石。

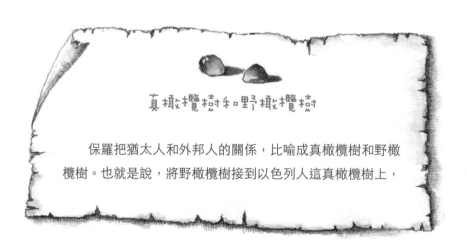

真橄欖樹和野橄欖樹

保羅把猶太人和外邦人的關係，比喻成真橄欖樹和野橄欖樹。也就是說，將野橄欖樹接到以色列人這真橄欖樹上，

一同得著橄欖樹根的肥汁。如此看來，今天猶太教與基督教分離，彼此以不同的橄欖樹存在的現實，絕不是神起初的計畫。猶太人雖然自限於選民思想而跌倒，但外邦人教會自視為真橄欖樹，替代了以色列，也並不完全。因此保羅也勸勉外邦人不要自我滿足和驕傲。

若有幾根枝子被折下來，你這野橄欖得接在其中，一同得著橄欖根的肥汁，你就不可向舊枝子誇口；若是誇口，當知道不是你托著根，乃是根托著你。
_ 羅馬書11：17－18

因為我們兩下藉著他被一個聖靈所感，得以進到父面前
_ 以弗所書2：18

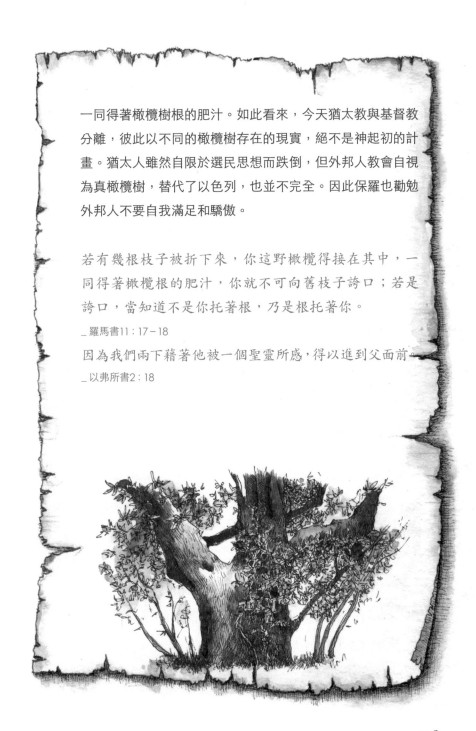

●● 耶穌在客西馬尼園的禱告與橄欖油

客西馬尼園的禱告，是耶穌在被釘死在十字架上前一晚所作的通宵禱告，也是讓基督徒深受感動的禱告。

「我父啊，倘若可行，求你叫這杯離開我。然而，不要照我的意思，只要照你的意思。」

單憑這句禱告文，就可能讓我們感動不已。但是作者馬太詳細地描寫耶穌禱告的場所與其禱告神情和內容，旨在向我們傳達一份強大的恩典。但由於我們無法理解馬太的意圖，使得屬靈恩典沒有像炸藥一樣爆發出來。

> 耶穌同門徒來到一個地方，名叫客西馬尼，就對他們說：「你們坐在這裡，等我到那邊去禱告。」於是帶著彼得和西庇太的兩個兒子同去，就憂愁起來，極其難過，便對他們說：「我心裏甚是憂傷，幾乎要死，你們在這裡等候，和我一同警醒。」他就稍往前走，俯伏在地，禱告說：「我父啊，倘若可行，求你叫這杯離開我。然而，不要照我的意思，只要照你的意思。」_馬太福音26：36-39

一如單單靠著主角的臺詞無法完成劇本一樣，若想瞭解在聖經上出現的所有事件，尤其是四福音書上的內容，就必須先瞭解當時的場所和時間背景。

在客西馬尼園禱告的地點——客西馬尼中，就隱藏著強烈的暗

示和資訊。如果你是猶太人，就會很容易發現其中的祕密。客西馬尼(Gethsemane) 原文之意為壓榨橄欖油的地方，是由意為「模具」(frame)」的「חַת」(gat)，與意為橄欖油的「שֻׁמָנִים」(shumanim) 兩個字合成的複合單字。由此可知，耶穌是在放有榨橄欖油模具的客西馬尼園裡，如同壓榨橄欖油一樣地壓榨心靈，向神獻上禱告。

每一滴油都要榨取的橄欖油

從聖經時代開始到現在，橄欖油一直都是聖地以色列的代表性產品，且維持著長期暢銷品的名聲。以色列位於土壤和氣候不適合栽培橄欖的埃及與美索不達米亞中間，即所謂的「中間土地」(The land between) 地帶，卻出產品質良好的橄欖油。因此，橄欖油自古以來就是支撐以色列經濟的重要支柱。

> 所羅門給希蘭麥子二萬歌珥，清油二十歌珥，作他家的食
> 物。所羅門每年都是這樣給希蘭。_列王紀上5：11
> 以法蓮吃風，且追趕東風，時常增添虛謊和強暴，與亞述立
> 約，把油送到埃及。_何西阿書12：1

所羅門作王以後，用七年的時間建設聖殿，十三年的時間建設王宮，前後佔了他在位期間一半的時間。這二十年以來，他從泰爾（今黎巴嫩）的希蘭王那裡進口木材，而費用就是以品質良好的橄欖油和在以色列平原收割的麥子來支付。

以色列與日本是以平均壽命最高而聞名的國家。以色列的長

壽祕訣之一，就是橄欖油。地中海沿岸地區以橄欖油為主要食用油的國家特徵，就是罹患中風和心血管疾病的比例明顯偏低。以色列人在調製沙拉醬時，一般都會使用一點檸檬汁和橄欖油，甚至在早晨空腹時吃一兩勺橄欖油的人也很多。

橄欖油在以色列是喜悅和祝福的象徵。

> 你喜愛公義，恨惡罪惡；所以神——就是你的神——用喜樂油膏你，勝過膏你的同伴。_詩篇45：7
>
> 禾場必滿了麥子，酒榨和油榨必有新酒和油盈溢。_約珥書2：24

以色列人會在八月過重要的傳統節日—「tub'av」，從這時候開始以色列的白天會變短，相當於我國的夏至。這個節日對栽培橄欖的人來說特別重要，因為過了這個節日以後，橄欖果實就會開始飽滿油脂，所以在這之前，即使壓榨橄欖果實也不會出來油脂。

因此他們會在九月、十月收割橄欖果，把它醃製保存起來。等到十一月初，綠色的橄欖果外表變黑，果實裡就會充滿油脂。

把橄欖榨油使用，比直接食用的附加價值更高。在桶裡裝滿的油，象徵神滿溢的祝福和喜悅。最具代表性的例子，就是詩篇裡所說的喜樂油。「喜樂油」用希伯來語叫做「שׁשׂון שׁמן」(shemen ssasson)，這也是目前在耶路撒冷猶太人教會中最復興的教會之名。換言之，在那裡有神喜悅的油，表示在每週安息日的敬拜中會有聖靈的恩膏，而出現各種恩賜、醫治及神蹟奇事。

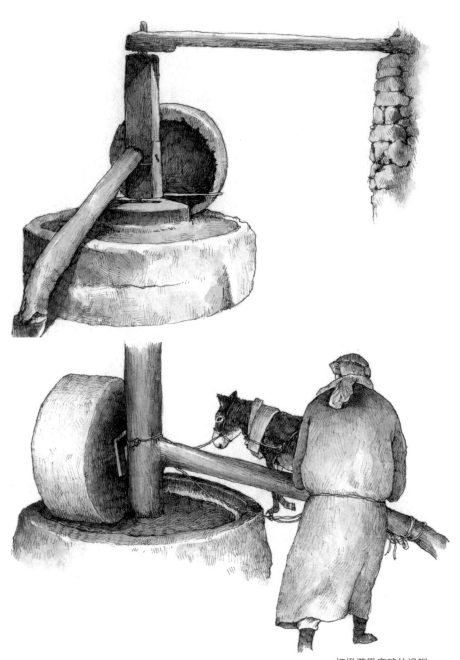

把橄欖果磨碎的過程

在聖地以色列榨取橄欖油時，大體上分為兩個步驟。先將橄欖果磨碎，之後把磨碎的橄欖果裝進筐子裡，然後使用「榨橄欖油井」或是「螺旋攪拌機」來榨取油。榨取橄欖油的「olive press」幾乎都是由位於加利利湖西北部的迦百農生產並供給全以色列，因為那裡是硬度很高的石頭——玄武岩的產地。

以拉吉為中心的以色列南部地區，大部分會使用「榨橄欖油井」。但是以耶斯列為中心的以色列北部地方，卻大部分使用「螺旋攪拌機」。以色列人在壓榨橄欖油時，總共會壓榨四次，並且每一次壓榨的油之用途都不同。

就把膏油倒在他頭上膏他。—出埃及記29：7

撒母耳拿瓶膏油倒在掃羅的頭上，與他親嘴，說：「這不是耶和華膏你作他產業的君嗎？—撒母耳記上10：1

在每一次榨取過程中，掛在油井的石頭重量都會不同。一開始會使用最輕的石頭來壓榨；第一次壓出來的油（初榨橄欖油）要獻給神，作為聖潔之油在聖殿使用。初榨橄欖油除了當作聖殿燈檯（menorah，出25:32）的燃料，也作為膏油膏立君王和大祭司。

希伯來文「彌賽亞」翻譯作希臘文就是「基督」，而彌賽亞的正確希伯來發音是「חישמ」（mashˋiach），這個字源自膏君王和大祭司時所使用的動詞，意味「油膏」之意的「חשמ」（mashach）。因此，耶穌不僅是我們的「חישמ」（mashiach），也是神親自「膏立的君王和大祭司」。

壓榨橄欖油的「螺旋攪拌機」

壓榨橄欖油的「榨橄欖油井」

第一次壓榨後剩下來的渣滓，則會使用更重的石頭來再次壓榨，所出來的油（第二道油）是拿來食用的。再用更重的石頭壓榨剩下來的渣滓，所出來的油有細小雜質，這第三道油用途很廣，不僅用來點家庭的油燈，也用來作女人的化妝品和藥品。

你的衣服當時常潔白，你頭上也不要缺少膏油。_ 傳道書9：8

你禁食的時候，要梳頭（put oil on your head）洗臉。_ 馬太福音6：17

愚拙的對聰明的說：『請分點油給我們，因為我們的燈要滅了。』_ 馬太福音25：8

又趕出許多的鬼，用油抹了許多病人，治好他們。

_ 馬可福音6：13

上前用油和酒倒在他的傷處，包裹好了，扶他騎上自己的牲口，帶到店裏去照應他。_ 路加福音10：34

最後，再用更重的石頭壓榨。雖然看似不會再有油流出來，但其實還可以榨出一筐子的油。這第四道油加入鹼，就可以製作成肥皂。

在聖經時代的以色列，樹木非常珍貴，因此橄欖樹是最重要的柴火來源，所以甚至連一點渣滓都不會浪費。而且，只有富人才會擁有壓榨橄欖油的器具，所以村民必須支付工價給富人，才能使用壓榨橄欖油的工具。當時給付的代價是1%的油和剩下來的渣滓，由此可知，連橄欖果的渣滓都有價值。

耶穌在客西馬尼園的禱告

耶穌如同壓榨橄欖油般淒慘的禱告

描繪耶穌在客西馬尼園禱告的聖畫很多，但到目前為止還沒有一幅是確切瞭解聖經話語的含義而繪製的作品。雖然紐約協和神學院以客西馬尼園禱告的聖畫而聞名，但畢竟還是沒能確切描繪出經文的含義，因為畫耶穌在客西馬尼的禱告，必須要呈現出猶如壓榨橄欖油般的氛圍。

如同在榨橄欖油井用重石下壓時，油才會流進側邊的凹槽裡；耶穌也因著背負全人類的罪，而被罪的重擔壓倒在地上，祂的面孔緊貼地上，從祂被壓在地上的肋旁，汗水有如血水般流出來，就像油被壓榨流進凹槽裡。如果把耶穌在客西馬尼園禱告，畫成安靜地跪在那裡默默禱告，其實根本就是不瞭解當時耶穌在客西馬尼園禱告的情況。

如同在榨橄欖油井逐漸加重石頭的重量，而壓榨取得四次的橄欖油一樣，耶穌一直禱告到連最後一滴油都榨乾，變成渣滓的地步，況且還是在一個安放榨取橄欖油模具，而被稱做客西馬尼園的地方禱告。路加把耶穌的禱告描寫為「汗珠如大血點滴在地上」（路加福音22：44）。當變成不再有油而完全是渣滓的狀態時，背叛者猶大連同大祭司的部下一起出現了。這時耶穌終於結束走向各各他十字架的長征，當時祂的身體狀態有如榨乾的橄欖渣滓一樣。

如同把橄欖渣滓當作柴火使用，耶穌也同樣在十字架上完全燃燒了自己的身體。靠著耶穌在十字架上所受的刑罰，我們得到了救恩，怎能不算是重價買來的恩典呢？

客西馬尼園禱告給我們的教訓

耶穌在接受十字架刑罰的前一天，在這世上的最後一個晚上，在客西馬尼園進行通宵禱告。耶穌一向會在黎明時禱告，而且也是一位時常禱告的人。既然如此，何必還要在受到十字架刑罰的前一天，作如此淒慘的禱告呢？這個禱告給我們的教訓，到底是什麼？

1. 耶穌在客西馬尼的禱告不是日常的禱告

客西馬尼的禱告與耶穌平常的清晨禱告屬於不同層次，是一種特別的禱告。這是耶穌在受到十字架刑罰之前，為了獲得最後的勝利，而在客西馬尼園展開有如榨橄欖油般淒慘又激烈的屬靈爭戰。若把這種禱告比擬為我們的禱告生活，應該是屬於四十天的禁食禱告吧？

2. 客西馬尼禱告是要將自己100%獻給神時，所作的禱告

像耶穌一樣作過這種淒慘禱告而通過考驗的基督徒並不多。客西馬尼的禱告是把自己當作活祭獻給神時所作的禱告。因此未曾作過這種禱告的人，就是在信仰生活中，未曾思想要將自己獻給神的人。

我們雖然口裡說要求神的旨意，但更多時候想靠著神來成就自己的心意和願望。雖然口裡說有90%在尋求神的旨意，只有10%尋求自己的心意，但其實正好相反，90%是自己的心意、10%才是神旨意的時候比較多吧？客西馬尼的禱告不是90%，而是100%要獻給神時所作的禱告，甚至要把自己剩下來的那1%的心意也榨乾丟棄，只想100%成就神的旨意和願望時，才會作這種淒慘的禱告。

●●約坦的橄欖樹比喻

從士師記九章約坦的比喻中可知，橄欖樹在聖經時代的象徵意涵。

有一時，樹木要膏一樹為王，管理他們，就去對橄欖樹說：
『請你作我們的王。』橄欖樹回答說：『我豈肯止住供奉神
和尊重人的油，飄颻在眾樹之上呢？』— 士師記9：8-9

約坦是基甸七十個兒子中最小的一個兒子。以色列在基甸的

統治下得到安全保障，藉此機會想一舉推薦基甸成為他們的王，但是基甸卻說惟有耶和華才是以色列的王而拒絕了他們。但是到了他兒子的時代，卻發生悲慘的事件。由示劍出身的妾所生的兒子亞比米勒來到示劍，煽動當地的百姓而自立為王。

「亞比米勒」（אבימלך）希伯來文的意思是「我父是王」。亞比米勒到了他的家鄉示劍以後，說「我們不是弟兄嗎？」，以此煽惑人心，輕易地就作了王。

他雖然在一塊磐石上將基甸的眾子趕盡殺絕，但是最小的兒子約坦經過千辛萬苦，最後終於成功地逃出來。後來約坦爬到位於示劍南方的基利心山頂上，提到有關樹木的比喻，以嘲弄立亞比米勒為王的示劍居民。

在樹木決定膏一樹為王之後，首先去找的樹，就是橄欖樹。那麼到底樹木為何要首先去找橄欖樹呢？

橄欖樹說：「我豈肯止住供奉神明和尊重人的油，飄颻在眾樹之上呢？」從而拒絕了樹木立它為王的請求。

無花果樹和葡萄樹也拒絕了這個請求，最後只有荊棘答應樹木的請求。但是，這卻導致火從荊棘裡出來，甚至把黎巴嫩的香柏樹也全都燒滅。這是預言立錯王的示劍居民將遭遇悲劇的比喻和諷刺。

客西馬尼園的橄欖樹

●● 橄欖樹的特徵

壽命很長，忍耐到底

橄欖樹在別的樹木無法生存的環境下，仍然能夠很好地生長。有一位植物學家說加利利有一棵橄欖樹，早在亞歷山大大帝征服戰爭時期的主前三百三十一年前就已存在。由此可知，它的壽命已超過兩千三百年。位於耶路撒冷東邊橄欖山上的客西馬尼園的橄欖樹，壽命也都超過一千年。

橄欖樹能夠長壽，是在於它驚人的免疫系統。

當橄欖樹受到蝗蟲攻擊啃噬時，就會自動合成含有獨特化學成分的氣味，隨風飄送到鄰近地區，而鄰近的橄欖樹就會開始合成防止蝗蟲攻擊的化學物質。換句話說，最先受到攻擊的橄欖樹會把救生的祕訣告訴鄰近的樹木，自己則慘烈地犧牲。

在其他樹木無法生存的環境下，橄欖樹依然可以忍耐到底而生存數千年，它同時也象徵著在其他國家無法生存的環境下，依然可以生存到底的以色列。

在兩千年的流亡歷史中，以色列沒有被其他民族同化，仍然堅守猶太人的民族性，確實可與橄欖樹相媲美。德國希特勒曾對猶太人進行大屠殺，一度幾乎要被滅絕，卻在二戰結束的三年後，獨立成為一個新生國家。因此，把以色列比擬為經過痛苦歲月仍能忍耐到底並生存的橄欖樹，可謂實至名歸。

橄欖樹的花

五月綻放的橄欖花是白色的美麗花朵，但其榮美卻維持不到一個禮拜。約伯的朋友以利法，曾經把惡人將要遭遇且難以逃避的命運，比喻為橄欖樹的花，一開就謝。

他必像葡萄樹的葡萄，未熟而落；又像橄欖樹的花，一開而謝。_約伯記15：33

橄欖樹的花

橄欖樹的果子

橄欖樹的果子

摘橄欖果是在將近住棚節的十月。

神說要打橄欖樹來摘它的果子，還說打過之後，枝上剩下的不可再打，要留給寄居的與孤兒寡婦。當時沒有一家之主保護的孤兒寡婦是社會上的弱勢群體，並且因婦女沒有賺錢謀生的機會，而他們的處境非常淒涼，需要社會的保護和照顧。

你打橄欖樹，枝上剩下的，不可再打；要留給寄居的與孤兒寡婦。_申命記24：20

橄欖樹的葉子

橄欖葉的葉面，上面是淡綠色，下面是銀色。所以在微風徐徐而美麗的陽光下，會顯得銀光閃閃。

位於耶路撒冷東邊的橄欖山，因著山上有很多橄欖樹，才被取名為橄欖山。夕陽西下時，東邊的橄欖山展現出惟有耶路撒冷才能呈現的美麗景緻。搭配著淡綠色和銀色色彩，在空中飄舞的橄欖樹葉顏色，不管看多久，眼睛都不會疲倦，最具自然親和力。

在《米示大》書上有一個關於橄欖樹樹葉非常有趣的描述。

> 當天使對撒拉說她會懷孕生子時，撒拉的面孔有如橄欖樹的葉子一樣明亮。

對猶太人來說，橄欖樹的葉子象徵和平與和諧。挪亞將鴿子放出去後叼回來的，也是橄欖樹的葉子。由此可知，橄欖樹在挪亞的洪水時期，也照樣活在水中，迎接從方舟裡出來的挪亞一家。

> 到了晚上，鴿子回到他那裏，嘴裏叼著一個新擰下來的橄欖葉子，挪亞就知道地上的水退了。_創世記8：11

為何撒該要爬到桑樹上面？

牧人與桑樹

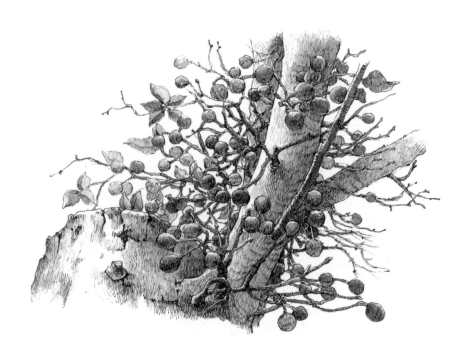

關於聖經中的植物，經常有翻譯錯誤或誤植的情況，其中以桑樹的翻譯最出乎意料，因為它其實是「野無花果樹」，卻被翻譯成「桑樹」，無論外形或果子，兩者幾乎沒有任何相似之處。野無花果樹的希伯來文為「הₘₖₘₐₕ」(shikma)，此字意味著「再生」或「更新」，卻被翻譯成我們熟悉的桑樹。

●●桑樹與撒該

為何撒該沒有爬到棕樹上，而是爬到桑樹上呢？

撒該爬到桑樹上的故事眾所周知，許多人從兒童主日學開始就耳熟能詳。

> 就跑到前頭，爬上桑樹，要看耶穌，因為耶穌必從那裏經過。＿路加福音19：4

但是撒該為何偏偏要爬到桑樹上呢？難道是因為當時桑樹就在他身邊嗎？還是為了讓兒童主日學的孩子容易記住，故意取了一個有趣的名字「桑樹」，而爬到上面呢？

當時撒該在耶利哥城擔任稅吏。耶利哥城位於耶利哥平原，緊靠著約旦河，地方土壤肥沃，氣候溫暖、泉源多，非常適合農作物的生長，另外又處於交通必經要道，自古以來就是很發達與富裕的一座城。雖然關於建城年代多少有點爭議，但有考古學家

主張耶利哥城從主前七千年開始就已經是一座城市。主前七千年算是文化剛剛要成形的時代，在那個時代就已經開始建立城市生活，真是不可思議！由此可知，耶利哥城一定是當時文明最先進的城市之一。

因為耶利哥城附近有很多生長在曠野綠洲的棕樹，所以被稱為「棕樹城」。當年以色列人在進入迦南地之前，神讓摩西站在約旦河東邊的尼波山上，觀望約旦河西邊的迦南地，隨後讓摩西死去，由約書亞接棒帶領以色列人。當時，摩西登上尼波山後，上了那與耶利哥相對的毗斯迦山頂，而耶利哥就在他的眼前。另外，士師時代位於約旦河東邊的摩押王伊磯倫，招聚鄰國的亞捫人和亞瑪力人子孫來到約旦河的西邊，佔據了耶利哥城。

> 南地和棕樹城耶利哥的平原，直到瑣珥，都指給他看。
> _ 申命記34：3
> 伊磯倫招聚亞捫人和亞瑪力人，去攻打以色列人，佔據棕樹城。_ 士師記3：13

撒該聽到耶穌要經過耶利哥時，雖然一心想見耶穌一面，但因為自己身量矮小、圍觀的人又太多，無法靠近耶穌，所以他只好立刻爬到桑樹上面。後來，耶穌看到心態可嘉的撒該，就對他說：

> 撒該，快下來！今天我必住在你家裡。_ 路加福音19：5

想想看，耶利哥城到處都是棕樹，撒該為何沒有爬上棕樹而偏要爬上桑樹呢？難道他的目的單單只是為了要看耶穌嗎？如果是這樣，他不應該爬到長得不太高的桑樹上，而是應該爬到比桑樹高出三十公分的棕樹上，才能看得更清楚一點吧？

因為撒該身為耶利哥城稅史，想必在耶利哥城是相當出名的人士。以現代的說法來說，他應該是旗下擁有多名會計師的會計事務所負責人，算是耶利哥城金字塔頂端的VIP。當時希律王的冬宮就位在耶利哥，堪稱是一座大城，然而這位VIP卻做出爬桑樹的行為，確實很丟臉。

因為當時在耶利哥城，有一些牧人會爬上桑樹修理桑樹，所以撒該有可能是因著這個理由，希望人們看到他爬樹時，能夠把他當作是修理桑樹的牧人，故而選擇桑樹而非棕樹，至少能保持某種程度的尊嚴。換言之，他選擇了一個兩全其美的方法，不僅可以保住自己的面子，還可以見到他渴慕看到的耶穌。

阿摩司的職業是聖經時代的牧人

到底為何牧人要修理桑樹呢？聖經時代的牧人都會身兼兩份工作，除了牧羊外，還會爬到桑樹上修理桑樹。從以下的經文，我們可以得到提示。

阿摩司是生活在南國猶大烏西雅王、北國以色列耶羅波安二世統治時期（主前八世紀中葉）的一位先知。他是南國猶大人，出生在位於伯利恆東南方的提哥亞，那裡是農耕地與曠野交界處一個很小的村莊。但問題是一個南國猶大出身的先知，卻到北國以色列最大

的聖所伯特利作先知，這當然會引起伯特利祭司長亞瑪謝的不滿。

> 亞瑪謝又對阿摩司說：「你這先見哪，要逃往猶大地去，在那裡糊口，在那裡說預言，卻不要在伯特利再說預言；因為這裡有王的聖所，有王的宮殿。」_阿摩司書7：12-13

阿摩司對此反駁說：

> 我原不是先知，也不是先知的門徒（原文是兒子）。我是牧人，又是修理桑樹的。_阿摩司書7：14

阿摩司介紹自己是牧人，又是修理桑樹的人。這對不瞭解聖經時代以色列的牧人生活，或修理桑樹代表什麼意義的基督徒來說，猶如聖經密碼，根本無法瞭解。

從亞伯拉罕時代開始，以色列人就在曠野從事畜牧，即使後來跟隨約瑟下埃及，仍舊在尼羅河東邊的歌珊地草原繼續畜牧，這對以尼羅河為中心發展農耕生活的埃及人來說，是他們所厭惡的事。

> 你們要說：『你的僕人，從幼年直到如今，都以養牲畜為業，連我們的祖宗也都以此為業。』這樣，你們可以住在歌珊地，因為凡牧羊的，都被埃及人所厭惡。_創世記46：34

以色列人在曠野的四十年期間，仍然以養牲畜為業，但等到

他們進入應許之地──迦南定居後，從畜牧改變為農耕，隨即產生問題，導致以色列人陷入農耕文化的偶像崇拜（巴力）中。這時的畜牧文化在以色列社會，也變成像過去在埃及一樣，為人所厭惡。

從士師記的時代開始，人人都可以蓋房子、種田定居，至於無法定居、到處尋找草原、過著半流浪生活的牧人，變成了社會中最底層的人。後來隨著人口增加、農耕地不足，牧人只好被放逐到更荒涼的曠野。

在希臘時代（主前三世紀），牧人若想把羊群帶到葡萄園、果園或田地裡，就必須用嚼子勒住羊的嘴。若是牧人沒有這麼做，便會受到重罰。所以在以農夫為主流的社會中，牧人不僅是非主流，也是社會的弱者。

在希律統治的新約時代，這種社會風氣更加嚴重。牧人不僅被人懷疑為在別人田裡偷偷牧羊的強盜，連上法庭當證人的資格都沒有，後來甚至發展到牧人改行會被視為如同悔改一樣的地步。

你能想像不是在自己的故鄉，而是跑到北國以色列，甚至還是被稱為北國以色列最大聖所伯特利去作先知的阿摩司的光景嗎？若以當時的身分地位來看，伯特利的祭司長亞瑪謝和南國猶大鄉下出身的牧人阿摩司，分別代表社會階級的最高層和最低層。若以今天的角度來看，如同一個在火車站附近徘徊的流浪漢跑到樞機主教的教堂去講道一樣。由此可知，阿摩司的行為不僅打破常規，而且還是極具挑釁性。

何謂修理桑樹？

由於我們不明白桑樹其實是希伯來文的野無花果樹，因此很容易誤解「修理桑樹」這句話的意思。

在東亞地區，桑樹主要生長在中低海拔的山地和平原，被廣為種植作為養蠶用食葉和採果用桑樹。桑樹的果子（桑椹）可供食用，具有補血滋陰、分解脂肪，降低血脂，防止血管硬化等作用，而桑樹的根、枝、皮亦可入藥，可以利水消腫、治風濕、降血壓等。若利用這些資訊來分析阿摩司的職業，應該類似草藥師。

至於被誤譯為桑樹的野無花果樹，在聖經時代主要生長在以耶利哥城為中心的約旦平原麥田間。這種樹木被稱為野無花果樹，主要是因為它雖然與無花果樹的種類不同，但結出的野生果子近似無花果。

無花果樹在初夏的逾越節時節開始結果子，野無花果樹則不同，要到盛夏才會結出無數顆像珠子般大小的果子，若是置之不理，這些果子就會發澀而不能吃。若是能爬到樹上，用針線把果子一一穿孔並抹上橄欖油，就會變成像無花果一樣甜美的果子。聖經所說的「修理桑樹」就是這個意思，其術語叫做「blissa」。

修理桑樹必須在過猶太人新年（吹角節）的十月之前完成，若是錯過這個季節，就不可能吃到果子了。

牧人或修理桑樹的人

阿摩司介紹自己的職業是「牧人」，又是「修理桑樹的人」，但同時擁有這兩種職業似乎不太可能。舉例來說，如果有一個人

說：「我的職業是礦工，又是漁夫」，我們馬上會感到不解。因為礦工是在山上工作，漁夫是在海上工作，所以絕不可能同時做這兩種工作。

因為當時牧人受到排擠，只能遠離田地，到曠野中放羊，但是修理桑樹的工作卻要在平原麥田間進行。那麼，怎麼能同時做這兩份工作呢？但只要夏天做 A 工作，冬天做 B 工作，就有此可能！

我們只要明白阿摩司介紹的兩種職業，就能瞭解當時被排擠到曠野的牧人生活。

在士師記開始以農耕文化為主流後的聖經時代，畜牧是非常令人瞧不起的一項職業，而且只有曠野才是允許牧人和羊群生存的空間。但問題在於以色列變化莫測的氣候，雖然雨季時，在曠野尚可找到餵羊的草，但是到了旱季，草都會乾枯，除了石頭以外，根本就找不著別的。

到底該如何度過長達六個月的旱季呢？在乾旱到只剩下石頭的曠野中，難道就這樣眼睜睜地看著羊群餓死嗎？

以流浪的牧人為對象，獲取勞動力

以色列雖然從十月的住棚節開始，直到四月逾越節期間都會下雨，但是雨季過後，緊接著就是旱季。曠野上的草在這個季節會乾枯，以致牧人開始煩惱。雖然這時曠野剩餘的草可以勉強維持七週左右，但之後勢必要另謀出路，因此牧人不得不帶領羊群到附近的平原麥田。

從旱季開始的逾越節算起，經過七週以後，就是七七節。這

個季節是以色列收割麥子的季節，而牧人帶領羊群來到平原的時間點，正好是收割完麥子、剩下麥桿的時候。

在這種情況下，麥田的主人和牧人便會開始協商。牧人會向麥田的主人請求讓羊群在收割完麥子的麥田中吃麥桿，而牧人則會爬到生長在麥田間的桑樹上修理桑樹，以此作為回報代價。這就是過了七七節後，在平原麥田間，牧人和麥田主人間互相交換的契約條款。那麼，這到底對誰更有利呢？

站在麥田主人的立場上來看，畢竟是把廢棄不要的麥桿送給牧人，又能獲得人心。羊群不單會把麥桿吃光，同時還會把麥田裡的雜草吃光，留下的糞便可以成為最佳的肥料。不僅如此，麥田主人還不用支付一分錢，就可以請人完成需要龐大勞動力的修理桑樹工作。

七七節以後結果子的桑樹（野無花果樹），必須用針線把無數的果子逐一穿孔抹上橄欖油才行。但是目前因為以色列的人工成本太高、入不敷出的緣故，當地已經不再栽種了。所以只有把生長在耶利哥城內數百年的桑樹偽裝成「撒該的桑樹」，用來吸引觀光客而已。

對當時被排擠到曠野的牧人來說，這種契約只能算是啞巴吃黃蓮，有苦說不出。但若是不接受契約，羊群就會全部死在曠野，因此他們毫無選擇的餘地。換言之，這種契約條款是麥田主人為了獲取勞動力，以當時毫無選擇權的流浪牧人為對象，所採取的一種橫行霸道作法。

南國猶大出身的阿摩司，為何要跑到北國以色列的要地？

阿摩司以南國猶大鄉下出生的提哥亞人身分，來到北國以色列聖所要地伯特利服事。

> 因為阿摩司如此說：『耶羅波安必被刀殺；以色列民定被擄去離開本地。』_阿摩司書7：11

他不是先知，也不是先知的兒子，更不是一個從神學院正式畢業的神職事奉者。他在伯特利的祭司長亞瑪謝面前，只不過是一個卑微的流浪牧人，或被視為獲取勞動力的對象——修理桑樹的人。到底是什麼原因讓阿摩司離開自己的故鄉，跑到北國以色列的要地呢？

提哥亞是靠近曠野的一個小村子。阿摩司在那裡牧羊，過了七七節以後，想必也會來到約旦平原的麥田。在那裡，一定會遇見伯特利出身的牧人，並耳聞北國以色列首都撒馬利亞富人的奢侈和貧富差距極大的實情。

當時擁有約旦平原龐大麥田的人，都是撒馬利亞的富人。耶羅波安二世時代，北國以色列收復了所羅門時代的所有領土，被稱為以色列的鼎盛時期。但是，阿摩司卻嚴厲批評當時的社會狀態。

> 耶和華如此說：以色列人三番四次地犯罪，我必不免去他們的刑罰；因他們為銀子賣了義人，為一雙鞋賣了窮人。
>
> _阿摩司書2：6

當時的窮人因為無法償還高利息的債務，為了一雙鞋被賣給富人。貧者愈貧、富者愈富的現象非常嚴重，所以阿摩司責罵撒馬利亞少數富人是「巴珊的母牛」。

你們住撒馬利亞山如巴珊母牛的啊，當聽我的話——你們欺負貧寒的，壓碎窮乏的，對家主說：拿酒來，我們喝吧！

_ 阿摩司書4：1

當時亞瑪謝身為一國的祭司長，看到從南國猶大來的鄉下小子阿摩司的行為，會有何感受呢？無論如何，亞瑪謝與阿摩司在當時的社會身分和地位上，還是有無法相比的差異。

貧者愈貧的象徵——桑樹，與富者愈富的象徵——撒該

若是新約撒該爬上桑樹的故事，與舊約修理桑樹的先知阿摩司的故事放在一起對照，我們可以從中找到一個線索。象徵富者愈富的撒該為了看到耶穌，而爬上象徵貧者愈貧的桑樹上，此故事具有許多含義。

●● 大衛時代的饑荒與桑樹的竿

桑樹和橄欖樹的共同特徵是從樹根裡長出來的「竿」，但是這兩種竿有明顯的差異。橄欖樹的竿可當作幼苗栽種；相反地，桑

樹的竿不僅不能再生，被修剪後還會馬上死掉。雖然桑樹的竿可以作為修建屋頂的建築材料，卻不能作為幼苗。

猶太人認為桑樹和橄欖樹這種截然不同的特徵，分別代表便雅憫支派出身的掃羅和猶大支派出身的大衛。如同被修剪後會馬上死掉的桑樹竿一樣，以色列的首任君王掃羅去世後，他的兒子約拿單沒有繼承王位，掃羅王朝就此結束。但是大衛家族卻如同被修剪後繼續當作幼苗栽種的橄欖樹竿一樣，一直延續下來。

在大衛治理末期，曾經發生過三年的饑荒。根據以色列的氣候和環境條件，饑荒是一種致命的災禍，更何況一年中還要度過六個月不會下雨的旱季。就算到了雨季，也不會持續天天下雨，而是在雨季初末降下一些雨水。所以他們會把雨季下的雨水接在水池中，以便度過六個月的旱季。這就是以色列農夫一年的生活。

在這種情況下，遭遇三年的饑荒時，以色列的生態環境如同被烤乾一樣，水池裡的水也會見底，上至大衛的宮殿，下至所有百姓的家，更別說是家畜，就連人要喝的水，也會所剩無幾。

在北國以色列亞哈王時代，神也曾對以利亞預言過三年的饑荒，以致亞哈王與家宰俄巴底不得不去尋找水。俄巴底與以利亞就是在那個時候相遇的。

> 亞哈對俄巴底說：「我們走遍這地，到一切水泉旁和一切溪邊，或者找得著青草，可以救活騾馬，免得絕了牲畜。」
>
> _ 列王紀上18：5

在亞哈王時代發生的三年饑荒，是神為了要懲罰拜巴力和亞舍拉的以色列人。但是在大衛王時代發生的三年饑荒卻不同，而是神對掃羅罪行所做的審判。

> 大衛年間有饑荒，一連三年，大衛就求問耶和華。耶和華說：「這饑荒是因掃羅和他流人血之家殺死基遍人。」
>
> _ 撒母耳記下21：1

掃羅毀了約書亞與基遍所立的約，殺了基遍人，所以神要給基遍人報仇，才在大衛年間懲罰他們。

在約書亞征服迦南的戰爭時期，迦南的原住民基遍人與以色列人結盟而和平相處，且為神的殿作劈柴挑水的人（約書亞記9：23）。但是掃羅卻殺了成為神百姓而安居樂業的基遍人，而且很可能是以他們和以色列人最大的仇敵非利士人通敵之罪名冤枉他們。

神為何要把應該臨在掃羅身上的審判加在大衛身上呢？《米大示》用桑樹和橄欖樹分別代表掃羅和大衛，作了一個有趣的解釋。該書作者提出，如同桑樹竿在折斷時會因承受不了而馬上死掉，若在掃羅年間施行饑荒懲罰，掃羅家族也會因承受不了而馬上窒息死亡；只有像橄欖樹竿一樣生命力強盛的大衛，才能承受連續三年饑荒的懲罰。

●● 便雅憫支派的恢復與桑樹竿的再生力

處女桑樹（沒有用斧頭砍過的桑樹）具有驚人的再生力，被砍伐過後，很快就會再度成長。在便雅憫支派的歷史中，就隱藏著桑樹的這種屬性。

士師記十九章至二十一章記載了以色列的第一次內戰。

以法蓮的一個利未人娶了一個伯利恆女人為妾。後來，利未人把行淫後跑回娘家的妾領回以法蓮，途中到了傍晚時分，他們就在屬於便雅憫支派的一座小城基比亞留宿。這時發生了一件慘無人道的事情。

基比亞人要求利未人與他們行同性性行為，利未人則以自己的妾取而代之，結果導致他的妾被基比亞人輪姦而死。

後來利未人把這件慘無人道的事傳報各支派，且把妾的屍體切成十二塊，交給各支派。各支派看到利未人的報告和他的妾被肢解的屍體後，都感到非常痛恨，結果導致十一個支派聯合起來，與便雅憫支派展開內戰。

但是便雅憫支派卻克服在人數上十五比一的劣勢，與以色列的聯軍對陣，且獲得連戰皆捷的戰績。由此可知，正如雅各給便雅憫的祝福一樣，他們果然都是天生的勇士。

> 便雅憫是個撕掠的狼，早晨要吃他所抓的，晚上要分他所奪的。_創世記49：27

在全面戰爭時，以色列聯軍無法勝過左撇子較多的便雅憫軍隊，僅能靠埋伏戰獲得勝利。後來便雅憫支派只剩下六百名敗兵活下來，逃到東邊曠野險峻的臨門磐，在那裡隱藏了四個月。

只剩下六百人，轉身向曠野逃跑，到了臨門磐，就在那裏住了四個月。_士師記20：47

以色列的聯軍雖然獲勝，但此時他們才省悟自己所做的事會帶來多麼可怕的後果。因為他們即將面臨以色列十二個支派中的一個支派，被連根拔起而毀滅的危機。

說：「耶和華——以色列的神啊，為何以色列中有這樣缺了一支派的事呢？」_士師記21：3

結果，這個發現使聯軍不得不與躲在臨門磐的六百名便雅憫人簽下和平條約。但是之後卻發生了一件更驚人的事，在士師記末期只剩下六百人的便雅憫支派，過了不到一百年，到撒母耳時代，就出現了以色列的第一任王掃羅。

便雅憫支派是在滅族危機中倖存下來、以色列中微不足道又至小的支派！此時，我們就能瞭解當撒母耳要立掃羅為王時，掃羅為何會如此答覆。

掃羅說：「我不是以色列支派中至小的便雅憫人嗎？我家不是

便雅憫支派中至小的家嗎？你為何對我說這樣的話呢？」_撒母耳記上9：21

便雅憫支派擁有以驚人速度恢復的再生力，難道不足以跟桑樹竿相比嗎？

●● 大衛攻打非利士的戰略——你聽見桑樹梢上有腳步的聲音

掃羅在耶斯列谷與非利士人的戰鬥中陣亡以後，他的兒子伊施波設在約旦河東邊的瑪哈念短暫治理過以色列。另外，大衛是在迦特王亞吉的批准下成為猶大王，在希伯崙作王七年。這段時間雖然短暫，對以色列來說卻是南北分裂時期。

大衛收回瑪哈念而佔領耶布斯（耶路撒冷）以後，就把它定為以色列的首都。從此以後，以色列便受到非利士人連續不斷的侵略。迦特王亞吉預測到大衛即將統一以色列，脫離他的統治，因此一心想在這種潛在勢力更加擴張之前，先斬草除根。

非利士人又上來，布散在利乏音谷。_撒母耳記下5：22

撒母耳記的作者記載非利士人兩次攻打耶路撒冷。利乏音谷是位於耶路撒冷南邊的溪谷，這句經文的意思是「非利士人已來

到大衛眼前」。當時由大衛統治的以色列，藉著擊敗非利士人兩次的攻擊，成為近東的大國，就此結束短暫的非利士帝國時代，帶來以大衛為主角的以色列帝國時代。

可是，在第二次非利士戰爭中，神訂定的戰略非常有趣。

你聽見桑樹梢上有腳步的聲音，就要急速前去，因為那時耶和華已經在你前頭去攻打非利士人的軍隊。_撒母耳記下5：24

神親自定的戰略，就是「你聽見桑樹梢上有腳步的聲音，就要急速前去。」

這句話的意思是說：非利士人已攻打到耶路撒冷的山腳下，但是實戰卻發生在非利士人上山之前的平地上。換言之，神親自命令他們要到山下的平地去攻打非利士人的後方。在這裡，如果你不曉得桑樹在耶路撒冷的山地上根本無法生長，又怎能明白這種戰術的意義？

桑樹與不管在山地還是平地都會生長的橄欖樹不同，它只能生長在平地，而不能生長在山地。所以只要明白桑樹的這種特徵，就能理解形容所羅門時代的銀子多如石頭、黎巴嫩的香柏木多如高原的桑樹之意義。

王在耶路撒冷使銀子多如石頭，香柏木多如高原的桑樹。

_列王紀上10：27

●● 最好的木材──桑樹

桑樹生長成可使用的木材，只需要六年的時間。因此在種樹後，到第七年的安息年時，就可當作木材使用。而且，桑樹還被視為以色列最好的建材。在木材珍貴的以色列蓋房子時，一般都會使用石頭來立四面的牆，只有屋頂的樑才會使用木材，然後在樑木上鋪上棕樹枝，再用泥土覆蓋。

經常用來作為屋頂樑木的木材，就是質地輕又堅固，且不易腐爛的桑樹。這就是在耶穌的比喻中出現的樑木。

為甚麼看見你弟兄眼中有刺，卻不想自己眼中有樑木呢？
_ 馬太福音7：3

在《塔木德》中有一段關於將桑樹當作建材使用的實用說明。當時在以色列，若是房東要出租興建兩層樓以上的樓房，則此房子禁止使用香柏木作為屋頂樑柱。若使用香柏木蓋的房子發生屋頂倒塌，房東賠償給租戶的金額會比使用桑木蓋的房子更多。

雖然很多人都認同香柏木是最好的木材，但是在以色列，桑木才是最適合作為屋頂樑木的木材。因為桑木比香柏木更輕又堅固，所以在大小地震頻繁的以色列，用桑木建造的房子倒塌機率非常小。

●● 專管桑樹的長官巴勒‧哈南

桑樹在以色列享有上好建材的美譽，這一點透過大衛王時代揀選基第利人巴勒‧哈南為掌管桑樹的內閣長官就可知道。

> 掌管高原橄欖樹和桑樹的是基第利人巴勒‧哈南。掌管油庫的是約阿施。_歷代志上27：28

掌管高原橄欖樹和桑樹的巴勒‧哈南，他的具體職責有哪些？

在聖經時代，以色列房子屋頂的樑大多以桑木製成。但是在木材珍貴的以色列，人們卻發現一種可以用一棵桑樹，就能取得大量木材的獨特方法，當桑樹長到某種程度時，如果用斧頭來伐木，在樹椿根部四邊就會長出無數新的枝子。全以色列地區的房子，就是使用這種枝子來建造屋頂。

完全沒有用斧頭砍伐過的桑樹，就叫做「處女桑樹」。在《塔木德》《陀瑟他》中有這麼一段話：

> 在以色列有三種類型的處女：一是沒有跟男人睡過覺的處女；二是還沒有耕過地、出產過農作物的處女地；三是還未曾使用斧頭砍伐過的處女桑樹。

我想巴勒‧哈南一定是掌管修理桑樹且抹上橄欖油來收割果

被當作屋頂樑柱使用的桑木

　　子，並使用斧頭砍伐處女桑樹取得大量木材來供應全以色列地區
的工作。同時，他應該還管理橄欖樹，負責收割橄欖樹的果子，以
及四次榨取而得的橄欖油，並依其用途分配使用。在當時的以色列
社會中，這是需要像主婦一樣，具備細緻領導力的一個職分。

CHAPTER

為何耶穌要選擇變水為葡萄酒，
作為祂行的第一件神蹟？

使生命喜樂的葡萄樹

●● 迦拿婚筵與葡萄酒的神蹟

耶穌在迦拿婚筵上把水變成葡萄酒的神蹟，是祂在傳道事奉生涯中所行的頭一件神蹟。每當提起這件事的含義時，首先都會談到以下的看法：

1. 耶穌把我們淡如水的人生，變為甜如葡萄酒的人生。
2. 變水為酒的改變一如無法挽回的化學反應，耶穌也照樣改變了我們的本性。
3. 參加迦拿婚筵的耶穌，願意祝福這地上所有的家庭。

這些看法都很正確，也帶給我們恩典，但是迦拿婚筵的葡萄酒神蹟，卻與我們所知道的截然不同。這件事其實是在強調耶穌道成肉身來到這世上以及預表救贖，因此必須把葡萄酒與婚筵連貫在一起理解。

耶穌的事奉生涯，以葡萄酒作為開始和結束

耶穌在三年的事奉生涯中，雖然做了很多事工，但其核心惟獨可用「葡萄酒」來作代表。

迦拿婚筵的頭一件神蹟，就是葡萄酒事件。之後，葡萄酒還出現在耶穌事奉生涯最後一天的晚餐上：耶穌在逾越節的晚餐中，把葡萄酒分給門徒後，將它與第二天在十字架上流出的血連結在一起。因此，耶穌的事奉生涯可說是以葡萄酒作為開始，以

葡萄酒作為結束。

> 這是耶穌所行的頭一件神蹟,是在加利利的迦拿行的,顯出
> 他的榮耀來;他的門徒就信他了。_ 約翰福音2:11
>
> 因為這是我立約的血,為多人流出來,使罪得赦。
>
> _ 馬太福音26:28

猶太人的婚筵與葡萄酒

所有事件中的頭一件事,都有其特殊含義。我們根據首次見面觀察到的言行,可以評估一個人50%的品行。有些公司在面試時,會對第一印象給予很高的評價。耶穌的頭一件神蹟——婚筵的葡萄酒神蹟,也是如此。因為在這個事件中,彰顯了50%以上耶穌道成肉身來到這個世上的目的。

若要明白葡萄酒神蹟的意義,重點在於瞭解婚筵與葡萄酒的關係,所以首先必須瞭解聖經時代猶太人的婚姻文化。

當時一個男人若是看上一個女人,就會催促父親給他舉辦筵席的費用,然後拿著這筆錢到女方家去舉辦筵席。這時,女方家屬、親朋好友以及全村的人都會聚集在一起,舉辦為期一週的盛大筵席。在這個同吃同樂的筵席中,女方必會仔細地觀察男方。

這場為期一週的筵席中最大的亮點,就是最後一天。這時,男方會把葡萄酒杯放在女方面前,若是女方喝掉那杯葡萄酒,代表她決定嫁給男方。但是如果女方沒有喝掉那杯葡萄酒,男方就會白白損失那筆舉辦筵席的費用,垂頭喪氣地返回父親的家。所

以到了把葡萄酒杯放在女方面前等待決定的時刻，就像考生等待發表考試錄取名單一樣地緊張。

> 參孫下到亭拿，在那裏看見一個女子，是非利士人的女兒。
> 參孫上來稟告他父母說：「我在亭拿看見一個女子，是非利士人的女兒，願你們給我娶來為妻。」_士師記14：1-2
> 他父親下去見女子。參孫在那裏設擺筵宴，因為向來少年人都有這個規矩。_士師記14：10

當女方喝掉葡萄酒的那一瞬間，男方會歡呼跳舞地返回父親的家，回去準備要與新娘同住的房子。換成今日現代人的說法，就是回去裝修新房，而新娘則要待在娘家，一直等到回去準備住處的新郎回來接她為止。

在聖經時代，以色列人有一項訂婚習俗，新郎與新娘訂婚後必須分開一段時間，大約為期一年左右。在這段時間裡，兩個人雖然算是法定夫妻，但是在肉體上還是處女和處男。當馬利亞從聖靈懷了耶穌時，也正是與約瑟訂婚的期間。所以在法律上來說，馬利亞雖然是約瑟的妻子，但是在肉體上，卻還是一個沒有接近過男人的處女。

> 耶穌基督降生的事記在下面：他母親馬利亞已經許配了約瑟，還沒有迎娶，馬利亞就從聖靈懷了孕。_馬太福音1：18
> 馬利亞對天使說：「我沒有出嫁，怎麼有這事呢？」_路加福音1：34

領受耶穌葡萄酒的基督徒，就是與耶穌訂婚的新娘

明白猶太人的婚姻風俗後，再來看聖經，就能很清楚地明白耶穌來到這個世上，為何要以迦拿婚筵葡萄酒的神蹟開始祂的事奉生涯，並且以最後晚餐上的葡萄酒（十字架的寶血）來結束祂的事奉，以及在祂升天之前，為何說自己是去為門徒預備地方。

新郎耶穌是為了尋找新娘而來擺設筵席的。當時在婚筵上，雖然有各種不同的酒菜，但最重要的還是最後一天放在女方面前的葡萄酒。耶穌在這個世上，不僅用話語教導我們，也從事醫病、趕鬼等多種不同的服事。但這一切只不過是筵席的附帶功能而已，最重要的是最後一刻主在十字架上流出來的寶血。

耶穌在最後晚餐中把葡萄酒分給門徒後，說明了第二天祂在十字架上流血的意義與葡萄酒的關係。由於這是耶穌親口說的，所以絕對不會有其他的爭議。

> 耶穌說：「這是我立約的血，為多人流出來的。我實在告訴你們，我不再喝這葡萄汁，直到我在神的國裡喝新的那日子。」＿馬可福音14：24-25

基督徒靠著喝耶穌的血，即靠著喝耶穌在婚筵上擺設的葡萄酒，就可成為與基督訂婚的新娘。耶穌藉著十字架上的死成就了救贖事工。

耶穌在最後的逾越節晚餐時，提到自己要死的事情，門徒因為心裡悲傷而來勸阻耶穌。但是，耶穌卻對向祂苦苦哀求「不要

離開，不要離開我們」的門徒說：

「我去原是為你們預備地方去。」

猶太人一聽馬上能明白預備地方是與婚姻有關的一種表達，但可惜其他國家的基督徒卻不能明白這一點。今天在天上的耶穌，仍舊在為我們這些新娘預備與祂一起居住的地方。

> 在我父的家裏有許多住處；若是沒有，我就早已告訴你們了。我去原是為你們預備地方去。我若去為你們預備了地方，就必再來接你們到我那裏去，我在哪裡，叫你們也在那裡。_ 約翰福音14：2-3

羔羊的婚筵

我們常說：「耶穌在十字架上受死，三天後復活，升天，坐在神的右邊。」可是若把這句話轉換成猶太人婚姻的表達方式，就是「耶穌為了迎娶這世上的新娘而擺設筵席，並且在最後一天準備好葡萄酒後，就返回父親的家去預備住處」。

耶穌坐在神寶座的右邊，不是在休息。耶穌親口說過：「父的家裡有許多住處」，所以我們也不必擔心房子太小而沒有地方。

去為我們預備住處的耶穌，絕不會丟下喝了葡萄酒而與耶穌訂婚成為新娘的基督徒，而是差遣聖靈保惠師來看顧我們。

耶穌到天上為我們預備住處，等預備好之後，就必再來迎接新娘。因為僅憑著訂婚，還不算是完成婚禮，所以等耶穌再來的那一天，才是訂婚的新娘，即所有的基督徒與新郎耶穌結婚的日

子。因此，所有基督徒一起共同舉行集體婚禮的那一天，才真正是羔羊的婚筵。

天使吩咐我說：「你要寫上：凡被請赴羔羊之婚筵的有福了！」又對我說：「這是神真實的話。」_啟示錄19：9

●●雅各的祝福與葡萄酒

「他的眼睛必因酒紅潤」是祝福的話嗎？

當雅各祝福他的十二個兒子時，尤其是對猶大許下最大的祝福。後來真的照著他許下的預言，在猶大支派中誕生了彌賽亞。

圭必不離猶大，杖必不離他兩腳之間，直等細羅（就是賜平安者）來到，萬民都必歸順。猶大把小驢拴在葡萄樹上，把驢駒拴在美好的葡萄樹上。他在葡萄酒中洗了衣服，在葡萄汁中洗了袍褂。他的眼睛必因酒紅潤；他的牙齒必因奶白亮。

_創世記49：10－12

在祝福猶大時，有趣的是說猶大在葡萄酒中洗衣服，在葡萄汁中洗袍褂。更有趣的是他的眼睛必因酒紅潤。

對一般人來說，實在難以理解這句話。眼睛因葡萄酒紅潤，成了喝太多酒而眼紅鼻子紅的酒鬼，居然還要說這是一種祝福？

訂婚的新娘啊，請等候新郎耶穌！

所有基督徒都是與耶穌基督訂婚的新娘。換句話說，就是耶穌的未婚妻，這是所有基督徒無法更改的身分。

那麼，基督徒的願望又是什麼呢？我們的願望難道是世界和平嗎？面對世上永無寧日的砲火和戰爭，我們當然希望世界和平，但是基督徒最終的願望，應該是與成為新郎的耶穌結婚。耶穌再來的那一天，即再臨的日子，必會成為所有基督徒滿心期待完成婚禮的日子。因此所有基督徒的第一個願望，是基督再臨。第二個願望，也是基督再臨。第三個願望，仍然還是基督再臨。

我們的心真的有如新娘巴不得與新郎趕快結婚一樣，渴慕等候基督再臨的日子來到嗎？如果我們心中的想法是「我只求在這世上安居樂業的活著，耶穌等到下一個世代再來也無所謂」，我想這種新娘一定有問題。倘若新娘的第一個願望不是與新郎結婚，我們會怎麼看待這個新娘？這樣的新娘也許只是外表看起來像新娘，實際上可能是行為放蕩，要不就是假的新娘，或者是不會喝下耶穌擺設筵席上最重要的葡萄酒，而只貪愛附加菜肴的人吧！

我很難過只有少數基督徒明確知道自己是許配給基督的新娘，時刻等候成為新郎的耶穌再來的日子。每當我想起基督再臨的日子時，都會在想到末日或大災難之前，先想起要見到夢寐以求的新郎並完成婚禮，並因此感受到心跳不已的喜樂！

　　在聖經時代，新郎一般都是在夜晚迎娶新娘，所以訂婚的新娘必須警醒等候才行。當新郎要來迎娶的日子近了，新娘就會預備足夠的橄欖油，以便點燈，進入倒數計時的狀態。因此聰明的童女都會在新郎到訪之前預備好油，而愚昧的女人則會因油不足而感到驚慌。

那時，天國好比十個童女拿著燈出去迎接新郎。_ 馬太福音25:1
半夜有人喊著說：『新郎來了，你們出來迎接他！』_ 馬太福音25:6
愚拙的對聰明的說：『請分點油給我們，因為我們的燈要滅了。』_ 馬太福音25：8

　　去預備住處的耶穌，到底什麼時候再來呢？那一天，不是新郎而是新郎的父親所定的日子，所以惟有父才知道那一天是何時。

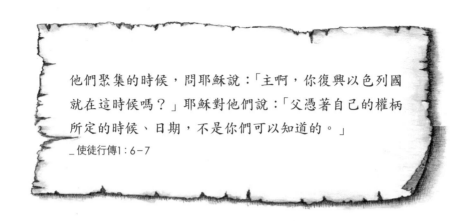

他們聚集的時候，問耶穌說：「主啊，你復興以色列國就在這時候嗎？」耶穌對他們說：「父憑著自己的權柄所定的時候、日期，不是你們可以知道的。」

_使徒行傳1：6-7

象徵喜樂和祝福的葡萄酒

在水很珍貴的以色列曠野中，葡萄酒不算是酒，而是一種飲料，而且還是一種救命的飲料。

以色列收割葡萄的季節是八、九月份，此時是陽光最強烈的夏天，甚至連呼吸都很困難。在這種全地都被曬乾成灰色的以色列土地上，猶太人看到葡萄成熟，頗有把葡萄視為神蹟的感覺。

旱季末了、收割葡萄的時候，收集在水池裡的水已經見底了。對身處曠野的以色列人來說，比蜜還珍貴的，就是水。在如同生命般可貴的水消耗殆盡時，他們會把握正確的時機，在變成灰色的曠野中竭盡全力把葡萄摘下釀成酒，如此誕生的就是葡萄酒。所以對猶太人來說，葡萄酒自然象徵了解渴的喜樂。

在飲酒文化與淫亂文化混雜而步入墮落的現代，葡萄酒只是基督徒應該禁戒的一種酒而已，但是對猶太人來說，葡萄酒卻是「使生命喜樂」的飲料。

設擺筵席是為喜笑。酒能使人快活；錢能叫萬事應心。

_ 傳道書10：19

葡萄樹之所以拒絕樹請求它成為樹木之王，是因為它知道葡萄酒帶給人的喜樂和榮耀，比成為王得享一時權勢，更加永恆。

葡萄樹回答說：『我豈肯止住使神和人喜樂的新酒，飄颻在眾樹之上呢。』_ 士師記9：13

雅各對猶大的祝福——用葡萄酒洗衣服、他的眼睛必因酒紅潤，表示「福杯滿溢」的祝福必會臨在猶大子孫身上。

耶穌在這世上跟門徒一起過的最後一個逾越節晚餐中，曾說過祂是真葡萄樹。這是一個偉大的宣告，是在告訴我們惟有耶穌才是人生真正的喜樂、滿足和祝福的根源。

我是真葡萄樹，我父是栽培的人。_ 約翰福音15：1

在天氣溫暖的南歐都會喝葡萄酒，但是在不生產葡萄的北歐，卻都喝啤酒。在古代不生產葡萄的美索不達米亞和埃及，非常流行喝啤酒。但是在生產很多夏季甜果的以色列，卻會混合多種甜果釀成葡萄酒來喝，尤其是把椰棗、蘋果、無花果、石榴榨汁混合的甜葡萄酒特別有名。甜葡萄酒在聖經上，時常用來象徵祝福和彌賽亞的日子。

耶和華說：日子將到，耕種的必接續收割的；踹葡萄的必接續撒種的；大山要滴下甜酒；小山都必流奶（原文是消化，見約珥三章十八節）。_阿摩司書9：13

我必引導你，領你進我母親的家；我可以領受教訓，也就使你喝石榴汁釀的香酒。_雅歌8：2

●● 種葡萄是象徵神無微不至的保護

夜裡不打盹的神

在古代栽種葡萄，是一項需要無微不至的照顧和投資的工作，因為一時的疏忽，就會導致葡萄園馬上荒廢。當以色列人說「神無微不至的保護」時，通常都會想起兩種形象。

一是為了防備猛獸，而在羊圈門前不打盹守著羊的牧人。二是為了防備小偷和猛獸的入侵，徹夜站崗而不打盹的守望者，專心看守葡萄園的人。這兩種角色的形象，都是象徵「神無微不至的保護」和「夜裡不打盹的神」。

保護以色列的，也不打盹也不睡覺。_詩篇121：4

耶穌喝的葡萄酒是紅酒，還是白酒？

聖經裡出現的葡萄酒，到底是紅酒還是白酒？這個問題對於社會飲酒文化不佳的華人基督徒來說，也許不太重要，但是它可以幫助我們更具體地理解聖經。聖經上出現的所有葡萄酒都是紅酒。

也吃牛的奶油，羊的奶，羊羔的脂油，巴珊所出的公綿羊和山羊，與上好的麥子，也喝葡萄汁釀的酒。

_ 申命記32：14

並且我必使那欺壓你的吃自己的肉，也要以自己的血喝醉，好像喝甜酒一樣。凡有血氣的必都知道我耶和華是你的救主，是你的救贖主，是雅各的大能者。

_ 以賽亞書49：26

醫學之父希波克拉底曾用紅酒來治療消化不良，用白酒來治療膀胱疾病。在《塔木德》一書中也有用葡萄酒來治療六十多種疾病的記錄。

所以在以色列，葡萄酒不僅僅是一種飲料，也是一種醫病的藥。

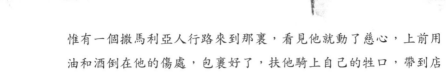

惟有一個撒馬利亞人行路來到那裏，看見他就動了慈心，上前用油和酒倒在他的傷處，包裹好了，扶他騎上自己的牲口，帶到店裏去照應他。_路加福音10：33-34

因你胃口不清，屢次患病，再不要照常喝水，可以稍微用點酒。

_提摩太前書5：23

醉在飲酒文化中的韓國社會，反倒要被聖靈充滿！

少數無法戒酒的韓國基督徒常說：「聖經哪裡有寫不可喝酒的事？」

在朝鮮末期，西方宣教士為了幫助陷在根深蒂固的飲酒文化中，且過著墮落生活的朝鮮男性，便把飲酒視為一種罪惡。因此，韓國的基督教以不喝酒、不抽煙而聞名。但是天主教卻恰恰相反，允許喝酒、抽煙，因此不信的人普遍會比較喜歡天主教。

韓國的飲酒文化是一杯接一杯地喝到醉酒墮落，最後以

淫亂收場。韓國平信徒生活在充斥勸酒文化的社會裡，一定都有過「到底該禁酒到何種程度才算沒問題」的煩惱。

「一杯酒？或者是兩杯酒？還是只要不喝醉就可以？不跟著大家繼續喝下去，應該就沒問題吧？」

雖然葡萄酒在以色列文化中，確實是象徵解渴的喜樂飲料，但畢竟還是有明確的限制。因為葡萄酒中含有酒精，如果飲酒過量，就會因為醉酒而鼻子發紅。

聖經裡不僅明確地對飲酒過量做出警告，還有因飲酒過量而導致犯錯的例子。

讓我們為韓國禱告，求神更新、堅固韓國的基督徒，使他們活出與世俗分別為聖的生活，用改變的生命影響社會和國家，使韓國全然歸向神。

挪亞作起農夫來，栽了一個葡萄園。他喝了園中的酒便醉了，在帳棚裏赤著身子。_創世記9：20-21

不要醉酒，酒能使人放蕩；乃要被聖靈充滿。

_以弗所書5：18

因為往日隨從外邦人的心意行邪淫、惡慾、醉酒、荒宴、群飲，並可惡拜偶像的事，時候已經夠了。

_彼得前書4：3

透過思考猶太人避免飲酒過量的智慧，那些戒不掉酒的基督徒也許可以找到脫離飲酒文化的方法。

猶太人在每週安息日的晚餐上，全家都會一起喝一杯葡萄酒。雖然說是喝，但其實只能算是沾一口而已。這個時候，父母會刻意安排讓接受過成年禮、年齡滿十三歲的子女一起喝葡萄酒。

　　然而，讓年齡尚幼的孩子在每週的安息日品嘗一口苦澀的葡萄酒潤喉，看似不太像一件愉快的事情；對孩子來說，喝葡萄汁反而更好。因此在孩子的潛意識裡，就會認為葡萄酒是一種苦澀難喝的飲料，所以猶太人家庭中的孩子在長大以後，幾乎都不會發生飲酒過量的情況。

　　猶太人都會努力地不再重犯挪亞因飲酒過量而犯下的錯誤，從每年的逾越節晚餐僅喝四杯葡萄酒，就可知道他們付出的努力。

　　逾越節晚餐從晚上六點開始，一直持續到午夜，猶太人總共會喝四杯葡萄酒。一般人喝四杯葡萄酒，就會有點醉意，所以猶太人在逾越節晚餐中會預備稀釋四倍的特別葡萄酒，以一杯葡萄酒加三杯水來稀釋。因此在逾越節晚餐上，即使把四杯葡萄酒全都喝光，結果就跟喝了一杯一樣。

　　猶太人雖然把葡萄酒當作飲料，卻會避免過量的飲酒文化，如此徹底地進行避免飲酒過量的教育，我想也許在其中可以找到解決飲酒文化的智慧。

看守葡萄園的亭子

栽種葡萄象徵和平與繁榮

在聖經時代，以色列男人的平均壽命只有四十歲；女人更短，只有三十歲，這是因為很多女人會在生產時死亡。當時以色列人要花費壽命的六分之一時間栽種葡萄，才能有所收穫。所以在猶太文化中，有許多與栽種葡萄相關的象徵。

所羅門在世的日子，從但到別是巴的猶大人和以色列人都在自己的葡萄樹下和無花果樹下安然居住。_列王紀上4：25

不要聽希西家的話！因亞述王如此說：『你們要與我和好，出來投降我，各人就可以吃自己葡萄樹和無花果樹的果子，喝自己井裡的水。_列王紀下18：31

栽種葡萄結果子，意味著長期沒有戰爭的太平盛世。

人類經歷過兩次世界大戰，成立了國際聯合機構的聯合國組織，夢想建立一個沒有戰爭的世界。

在紐約曼哈頓的聯合國大廈門口寫著一句名言：「他們要將刀打成犁頭，把槍打成鐮刀」。

他必在列國中施行審判，為許多國民斷定是非。他們要將刀打成犁頭，把槍打成鐮刀。這國不舉刀攻擊那國；他們也不再學習戰事。_以賽亞書2：4

他必在多國的民中施行審判，為遠方強盛的國斷定是非。他們要將刀打成犁頭，把槍打成鐮刀。這國不舉刀攻擊那國，他們也不再學習戰事。_彌迦書4：3

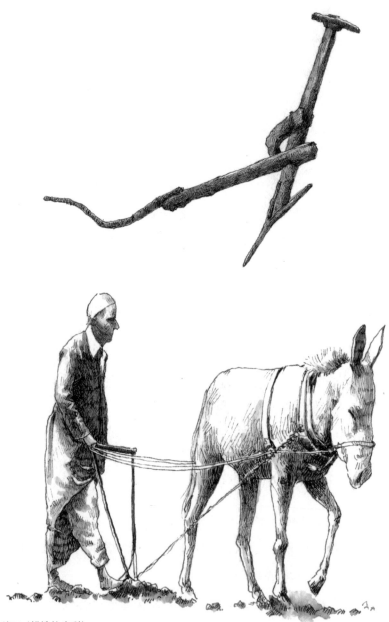

犁頭（耕地的步犁）

犁頭是指耕地的犁，被錯譯為鐮刀的希伯來文則是指「用於修剪葡萄樹的剪刀」。槍和刀雖然是在戰爭中使用的武器，但是將槍和刀打成犁和剪刀，卻是象徵沒有戰爭的和平時期。由此可見，就猶太人盼望和平的表現方式而言，栽種葡萄就和經文中出現的鐮刀，即栽種葡萄時必須使用的剪刀一樣，代表和平和繁榮。

梭烈（頂級葡萄）谷的大利拉和參孫

神用無盡的愛造了完美的葡萄園以後，接著繼續管理。但是理當結出好葡萄的以色列反倒結出野葡萄，他們真是太忘恩負義了。

> 我要為我所親愛的唱歌，是我所愛者的歌，論他葡萄園的事：我所親愛的有葡萄園在肥美的山岡上。他刨挖園子，撿去石頭，栽種上等的葡萄樹，在園中蓋了一座樓，又鑿出壓酒池；指望結好葡萄，反倒結了野葡萄。耶路撒冷的居民和猶大人哪，請你們現今在我與我的葡萄園中，斷定是非。我為我葡萄園所做之外，還有甚麼可做的呢？我指望結好葡萄，怎麼倒結了野葡萄呢？_以賽亞書5:1-4

頂級葡萄的希伯來文為「梭烈」(קִדֵּשׁ)。這也是在參孫和大利拉故事中出現的大利拉的故鄉。參孫出生時就是拿細耳人，愛上梭烈谷出生的大利拉後，失去了神賜給他的神力，最終遭遇悲慘的結果。

後來，參孫在梭烈谷喜愛一個婦人，名叫大利拉。_士師記16：4

神為何要利甲人喝葡萄酒呢？

神如同照顧葡萄樹一樣，在夜裡從不打盹地照顧以色列，但是以色列卻始終都不順服神。

在約雅敬時代，以色列人因拜偶像與犯罪墮落而面臨被巴比倫消滅的景況；這時神特別命令耶利米，叫他把生活在曠野中的利甲人召集到聖殿來喝葡萄酒。我們讀經時，也許對此不太瞭解。

他們卻說：「我們不喝酒；因為我們先祖利甲的兒子約拿達曾吩咐我們說：『你們與你們的子孫永不可喝酒，也不可蓋房、撒種、栽種葡萄園，但一生的年日要住帳棚，使你們的日子在寄居之地得以延長。』凡我們的先祖利甲的兒子約拿達所吩咐我們的話，我們都聽從了。我們和我們的妻子兒女一生的年日都不喝酒，也不蓋房居住，也沒有葡萄園、田地，和種子，但住帳棚，聽從我們先祖約拿達的話，照他所吩咐我們的去行。」_耶利米書35：6-10

這節經文和以色列人栽種葡萄有很深的關係。

行走曠野的以色列人進入迦南地以後，生活型態改變為種田，過著安居樂業的生活。但是過了一百多年，住在曠野帳棚裡的利甲人仍然沒有蓋房，沒有撒種，也沒有栽種葡萄，反而比他們更加突出。

神為何要在南國猶大末期，把曠野的利甲人召集到聖殿來喝葡萄酒？神要傳達給以色列百姓的信息到底是什麼？

其信息就是神對以色列人的警告。以色列人轉變為安居樂業的農耕文化，卻在不知不覺中陷入農耕文化崇拜繁殖神明巴力的習俗，因此神警告他們必會遭到毀滅。但是直到那時候，利甲人仍然默默地聽從先祖利甲兒子約拿達的吩咐，一心抱著簡樸生活的哲學住在曠野。

神藉著把住在曠野牧羊的利甲人叫來，讓他們喝下農耕文化的代表農產品葡萄酒，使以色列人再次想起神過去如何無微不至地把以色列百姓從埃及一路引導到曠野的恩典。

只因為先祖約拿達吩咐的一句話，利甲人果斷拒絕了葡萄酒甜蜜的誘惑。但是以色列人與徹底聽從先祖吩咐的利甲人相反，始終在埋怨神，忽視神的警告，繼續拜偶像。由此可知，對於毀滅就在眼前的南國猶大人來說，忠誠地順服先祖的吩咐，並住在曠野的利甲人絕對是順服的最佳典範。

利甲的兒子約拿達的子孫能遵守先人所吩咐他們的命，這百姓卻沒有聽從我！因此，耶和華——萬軍之神、以色列的神如此說：我要使我所說的一切災禍臨到猶大人和耶路撒冷的一切居民。因為我對他們說話，他們沒有聽從；我呼喚他們，他們沒有答應。_耶利米書35：16-17

貝都因人的簡樸生活哲學

我們可由目前住在猶大曠野和內蓋夫（南方）沙漠的阿拉伯民族貝都因人 (Bedouin) 身上，看到利甲人的生活方式。他們至今仍然住在曠野的帳棚裡，照著數千年前的生活方式在生活。

1948 年以色列獨立以後，官方在別是巴為貝都因人興建長期租賃住宅，供他們居住，但是他們住了幾天以後，又返回曠野。

以色列人覺得住在曠野、像乞丐一樣生活的貝都因人很可憐，所以為他們興建房屋；但是站在貝都因人的立場上來看，反而覺得現代人的生活更可憐。

因此，我覺得住在曠野的貝都因人如同南國猶大末期的利甲人一樣，相對於住在華麗都市、追求時尚生活、不斷追求物質滿足的現代以色列人來說，也許可以算是簡樸生活哲學思想的典範吧？

●● 踹葡萄象徵神嚴厲的審判

在聖經中，有時將神的審判描寫為「踹葡萄」。

在葡萄園裏必無歌唱，也無歡呼的聲音。踹酒的在酒榨中不
得踹出酒來。_以賽亞書16：10

葡萄汁是象徵使生命喜樂的飲料，但是製造葡萄汁的場所為
何卻象徵審判呢？

猶大山地的石頭主要是很容易切割的石灰岩，因此生活在山
地的以色列人常把山削成梯田，以便耕種，而榨葡萄酒的池子也
是用削好的石頭來製作，大體上可分為兩個部分：一個部分是
「踹葡萄的地方」，另外一個是讓踹成液體的葡萄汁「流出來並收
集的地方」。一般都是踹葡萄的部分在上，收集葡萄汁的部分在
下，所以葡萄原汁會很自然地向下流出。然而有趣的是，這兩個
部分各自的象徵意義卻截然不同。

收集使生命喜樂的葡萄原汁部分，象徵解渴的喜樂；相對
地，用腳來踹葡萄的部分，則是象徵踹葡萄的喜樂，同時也象徵
神的審判。

神審判的聲音必會像踹葡萄時歡呼的歌聲般響徹天地、
迴響在全球

踹葡萄時，全家都會一起進到酒榨裡去踹。這時必須把鞋脫

掉，當然進去之前都會先把腳洗乾淨。若是葡萄種子碎了，就會導致葡萄酒發苦，所以眾人都是光著腳來踹葡萄，如此才不會踹碎葡萄種子，而能造出頂級的葡萄酒。

在當時以氏族為中心形成的村莊裡，踹葡萄就像慶典活動一樣。而且在踹葡萄的酒榨上會有一條很長的繩子，所以踹葡萄的人會用雙手抓住那條繩子，一邊踹著葡萄，一邊大聲地歡唱詩篇的詩歌。那些詩歌就是詩篇第八篇、第八十一篇和第八十四篇。

> 耶和華——我們的主啊，你的名在全地何其美！你將你的榮耀彰顯於天。你因敵人的緣故，從嬰孩和吃奶的口中，建立了能力，使仇敵和報仇的閉口無言。我觀看你指頭所造的天，並你所陳設的月亮星宿，便說：人算甚麼，你竟顧念他！世人算甚麼，你竟眷顧他！你叫他比天使（或譯：神）微小一點，並賜他榮耀尊貴為冠冕。你派他管理你手所造的，使萬物，就是一切的羊牛、田野的獸、空中的鳥、海裡的魚，凡經行海道的，都服在他的腳下。耶和華——我們的主啊，你的名在全地何其美！_詩篇8篇

這三篇詩都有「用迦特樂器」作為副標題。「迦特樂器」是以第二音節為重音的一個單詞，這個單詞似乎是由意味著葡萄酒或榨取橄欖油的模具「迦特」引申而來的單詞。

當水池裡的水見底的時候，一邊踹著葡萄，一邊因著釀造葡萄酒的喜樂，一同歡唱詩篇的歌聲，想必與各國在秋收時，於田

野上響起的歌聲一樣嘹亮，因此踹葡萄時歡唱的歌聲，應該會傳遍鄰里。

到世界末了時，神審判列國的聲音也必如踹葡萄的人所唱的歌聲一樣，響徹天地。

> 所以你要向他們預言這一切的話，攻擊他們，說：耶和華必從高天吼叫，從聖所發聲，向自己的羊群大聲吼叫；他要向地上一切的居民吶喊，像踹葡萄的一樣。_耶利米書25：30

用腳踹出的血紅色葡萄汁象徵神嚴厲的審判

當全家進到酒榨裡努力地踹葡萄時，偶爾也會不小心把葡萄汁踹出酒榨外，沾到人的衣服上，如此衣服就會被紅色的葡萄汁染紅。因為看起來就像紅色的血一樣，所以成了審判的象徵。

> 我獨自踹酒榨；眾民中無一人與我同在。我發怒將他們踹下，發烈怒將他們踐踏。他們的血濺在我衣服上，並且污染了我一切的衣裳。_以賽亞書63：3
>
> 他們要倒在刀下，又被擄到各國去。耶路撒冷要被外邦人踐踏，直到外邦人的日期滿了。_路加福音21：24

葡萄渣滓代表神大怒的碗

踹葡萄後剩下來的渣滓會被裝在碗裡，這個碗就是在啟示錄裡出現的所謂「神大怒的碗」。

我聽見有大聲音從殿中出來，向那七位天使說：「你們去，把盛神大怒的七碗倒在地上。」_啟示錄16：1

聖經裡出現的酸葡萄與伊索寓言裡出現的不同

因為秋收前摘採的葡萄尚未成熟，所以品嘗起來會很酸。雖然伊索寓言「狐狸與葡萄」的故事中，也有提到酸葡萄，但是聖經中的酸葡萄和寓言中的酸葡萄含義完全不同。

當那些日子，人不再說：父親吃了酸葡萄，兒子的牙酸倒了。但各人必因自己的罪死亡；凡吃酸葡萄的，自己的牙必酸倒。_耶利米書31：29-30

「你們在以色列地怎麼用這俗語說：『父親吃了酸葡萄，兒子的牙酸倒了』呢？」主耶和華說：「我指著我的永生起誓，你們在以色列中，必不再有用這俗語的因由。看哪，世人都是屬我的；為父的怎樣屬我，為子的也照樣屬我；犯罪的，他必死亡。」_以西結書18：2-4

酸葡萄在聖經上具有獨特的意義，意指「罪與其影響力」。「父親吃了酸葡萄，兒子的牙酸倒了」，表示上一代的罪會延續到下一代。這種罪不是單純的觀念或神學主題，而是在我們生活中運行的黑暗勢力。

然而，神卻宣布要讓這句俗語失去意義。換言之，就是從此不再讓以色列人使用這句俗語，因為每一個犯罪的靈魂都會因自

己的罪而死，所以比起影響下一代的罪，在此神更強調的是會臨
到當代的審判。

●● 蠓蟲你們就濾出來，駱駝你們倒吞下去？

你們這瞎眼領路的，蠓蟲你們就濾出來，駱駝你們倒吞下
去。_ 馬太福音23：24

雖然我們知道這句話是耶穌在指責假冒為善的法利賽人，但
是卻難以理解為何要提起蠓蟲和駱駝。這句話看似與葡萄毫無關
係，但首先必須瞭解與葡萄相關的以色列生活文化，才能夠明白
其意。

葡萄酒榨可分為踹葡萄和流出葡萄汁的地方，但是在這兩個
空間之間有一個小溝，用細麻布堵住，防止沒踹到的葡萄掉到下
面去。細麻布是一種帶著很多細孔的麻布，所以雖然葡萄汁可以
流過去，但是葡萄卻過不去。

葡萄酒榨一般都在野外，在野外踹葡萄有兩個重要的原因，
第一是因為八月炎熱的陽光，可使葡萄酒快速發酵。第二是因為
可以快速散發掉發酵的味道。倘若在室內發酵，其味道一定會充
滿全屋。

由於在野外踹葡萄的緣故，所以會有蒼蠅、蜜蜂或螞蟻等昆
蟲掉進葡萄汁裡的問題。根據利未記中的潔淨與不潔之例可知，
這些昆蟲都是不潔之物，所以必須加以消除，然後再把葡萄汁收

集在罈子裡，保存在像地洞一樣的地下倉庫。除掉在野外發酵時掉進去的昆蟲，再經過濾後變乾淨的葡萄酒，就會被保存在罈子裡，在婚筵或安息日的晚餐上拿來使用。

法利賽人獲邀參加筵席、受到葡萄酒的款待時，不會一飲而盡。他們會先拿出隨身攜帶在口袋裡的細麻布，放在葡萄酒杯上面，再過濾一次，以免不潔的昆蟲掉進酒杯裡。因此，耶穌指責法利賽人，雖然隨身攜帶細麻布、盡力遵守利未記的律法，但事實上卻假冒為善，犯下重罪。

根據利未記律法，蠓蟲和駱駝都是不潔之物。但是全神貫注地把連眼睛都看不清的一個小小蠓蟲過濾掉，卻把體積龐大的駱駝吞下去；在神的眼裡，這樣的作法又有何屬靈的益處呢？

我想起自己剛到以色列時，最先來找我的一名猶太人患者。他的名字叫做大衛科恩。若姓「科恩」和「利維」，十之八九都是傳統的猶太人。因為「科恩」(כהן)意味著祭司長，「利維」(לוי)意味著利未人。享譽全球的著名牛仔褲品牌「Levi's」的猶太發音，也是「利維斯」，其意思是「歸利未所有」。因此這家牛仔褲公司的老闆也許就是猶太人。

大衛是個失眠症患者，他聽說從韓國來了一個中醫師，就連忙來找我。這位朋友是個名符其實的傳統猶太人，因為猶太人徹底分別肉類和奶類，因此來到我這個外邦人家裡，滴水不沾；凡是沒有照著利未記的潔淨條例之廚房做出來的食物，他就絕對不碰。偶爾用免洗杯倒水給他，他還會喝。或許是因為他覺得一般的杯子有可能裝過奶類而變得不潔淨，可是免洗杯不會有這種危

險，所以比較安全吧！

我們全家看著大衛謹慎遵守利未記的律法，便產生了某種程度的挑戰意識。可是後來發生了一件讓這個挑戰完全崩潰的事情。有一天，大衛提起他曾經到以色列北部港口城市海法的往事，但是後來我們才知道，原來他是在自誇他去過那裡的妓女村。這簡直就是晴天霹靂的打擊！當時我很感慨，大衛的生活真的有如過濾掉小小的蠓蟲，反倒吞掉龐大的駱駝。

當然，以色列謹守律法的猶太人不至於都跟大衛一樣。何況在任何宗教裡，都免不了會有一些激進的律法主義者和宗教主義者，基督教亦是如此。所以我們也應該反省自己，是否也有如律法主義者和形式化的宗教主義者一樣，過著濾掉蠓蟲卻倒吞駱駝的信仰生活。

葡萄與皮袋的故事

✚ 新酒裝在新皮袋裡？應該陳年老酒更貴重吧？

也沒有人把新酒裝在舊皮袋裏，恐怕酒把皮袋裂開，
酒和皮袋就都壞了；惟把新酒裝在新皮袋裏。

_ 馬可福音2：22

　　曾經有人以「新酒和新皮袋」的比喻來問我一個問
題。他說在這個比喻中，耶穌的話應該是新酒，法利賽人
遵守的律法應該是陳年老酒。照理說來，陳年老酒應該比
新酒更加可貴才對吧？若根據他的理論來分析，就會變成
法利賽人遵守的律法比耶穌的話更可貴了。

　　然而，新的並不總是比較好。新的並沒有比較好的情
況有兩種，就是新酒和繼母。葡萄酒年份越久，價格就越
貴，並會被認可為高級商品。

　　但是在新酒與新皮袋的比喻中，重點不是「新酒和陳
年老酒之中，哪一種酒比較貴重」，而是在葡萄酒和保存酒
的皮袋上。

新葡萄酒的特性是會繼續發酵，所以若把新葡萄酒裝在舊皮袋裡，皮袋就會膨脹而破裂。這是因為伸縮性較差的舊皮袋，無法承受新葡萄酒產生的二氧化碳所導致的結果。因此，新葡萄酒必須裝在伸縮性較強的新皮袋裡才行。

這個比喻的主旨不在葡萄酒，而是在皮袋上。神在西奈山上賜給摩西的律法，就是彈性和韌性都很好的新皮袋。但是法利賽人遵守的律法，卻是又硬又缺乏韌性的舊皮袋。因此，耶穌是在指責律法主義的法利賽人，教訓他們要回轉到神當初賜給他們的律法精神上。換言之，就是說安息日是為了人而存在，不是人為了安息日而存在。

✚ 又如新皮袋快要破裂

既然談到皮袋的事，就順便提一下來找約伯、將他定罪的三個朋友中年齡最小的以利戶好了。以利戶默默靜聽他們所講的話，最後終於忍耐不住而忿怒地說：

因為我的言語滿懷；我裏面的靈激動我。我的胸懷如盛酒之囊沒有出氣之縫，又如新皮袋快要破裂。

_ 約伯記32：18－19

很可能以利戶是斷定約伯自以為義，不以神為義，才口出此言。但是新皮袋的伸縮性很好，不太容易破裂。由此可知，以利戶心裡到底積壓了多少怒氣和言語，才會使他做出這種新皮袋快要破裂的表達！

為何大祭司的外袍上要掛著石榴？

象徵最高榮耀的石榴

●● 多產的象徵──石榴

近年來，石榴深受國內消費者喜愛，並且風靡一時，而這股熱潮似乎還沒有完全退去。因為石榴富含雌激素，對於更年期的女性很有幫助，如同流行的健康食品般，深受很多女性的喜愛。石榴原產於巴爾幹半島至伊朗及其鄰近地區，目前在許多國家都有栽種，但是在代表以色列的七種植物中，石榴亦名列其上。

> 因為耶和華──你神領你進入美地，那地有河，有泉，有源，從山谷中流出水來。那地有小麥、大麥、葡萄樹、無花果樹、石榴樹、橄欖樹，和蜜。_申命記8：7-8

以色列自古以來就有「把石榴榨汁來喝，就能生孩子」的傳統，因此很早就有女人把石榴當作春藥。想想看，古代的以色列人沒有激素相關的醫學知識，便能知道這個方法，真是令人驚歎不已。

石榴的果實內布滿密密麻麻的顆粒，令人印象非常深刻。這種形象象徵女人生很多子女，因此石榴時常被引用為多產的祝福。

以色列在過猶太新年吹角節時，有吃石榴的傳統。這種傳統的起源是一如密密麻麻的石榴子，盼望神賜給每個人的恩賜都能結出豐盛的果子。同時，也希望能夠如同密密麻麻的數百顆石榴子一樣，完全遵守613條律法的每一條誡命。

石榴樹的枝子因為水分較多而不易燃燒，所以在逾越節烤羔羊時，一定會使用石榴樹的枝子把羔羊串起來燒烤。

●●惟一掛在大祭司外袍上的植物──石榴

大祭司擔任事奉神的榮耀職分,他的衣服上只掛著一種植物。那是什麼植物呢?

袍子周圍底邊上要用藍色、紫色、朱紅色線做石榴。在袍子周圍的石榴中間要有金鈴鐺:一個金鈴鐺一個石榴,一個金鈴鐺一個石榴,在袍子周圍的底邊上。__出埃及記28:33-34

掛在大祭司外袍上的石榴

　　從石榴的長相和名字上即可看出，石榴在以色列是最高貴的
果實。在會幕服事的大祭司所穿著的聖服，其服飾配件包括：胸
牌、以弗得、外袍、雜色的內袍、冠冕、腰帶等。其中在藍色的
以弗得外袍周圍底邊，就輪流掛著石榴和金鈴鐺。而且掛在大祭
司衣服上的植物，只有石榴而已，這怎能說不是最高的榮耀呢！

　　對聖經時代的猶太人來說，石榴是榮華和榮耀的象徵，這是
因為石榴長得像王冠一樣。希伯來文的石榴稱為「וימיר」(rimon)，這
個單詞來自意指高處的「רם」(rawm)。當我們說：「我高舉主的名」

時，所使用的「高」，就是這個單字「rawm」。

在以曠野會幕為基礎而建造的所羅門聖殿中，最為聖的場所就是聖所裡面的至聖所。至聖所的柱子與聖殿內的代表圖樣就是石榴和杏子。

> 網子周圍有兩行石榴遮蓋柱頂，兩個柱頂都是如此。
> _ 列王紀上7：18
> 又照聖所內鍊子的樣式做鍊子，安在柱頂上；又做一百石榴，安在鍊子上。_ 歷代志下3：16

象徵榮華的石榴也經常出現在優美的詩歌經節之中。

> 你的兩太陽在帕子內，如同一塊石榴。_ 雅歌6：7

在耶穌事奉時期，以色列受到羅馬帝國統治。在此之前，統治全以色列的是馬加比王朝。馬加比王朝是藉著對抗玷污聖殿的敘利亞王安提阿古四世、發動馬加比革命（主前167～164年）而誕生的。馬加比王朝期許能重現所羅門時代的榮華，甚至製造過刻著石榴圖樣的硬幣。透過馬加比革命，重新將耶路撒冷第二聖殿獻給神的日子，就是耶穌遵守的修殿節。

> 在耶路撒冷有修殿節，是冬天的時候。耶穌在殿裏所羅門的廊下行走。_約翰福音10：22－23

刻著石榴圖樣的硬幣

●●石榴與大衛之星

　　由兩個正三角形交叉重疊組成的「大衛之星」，是現代以色列國旗中象徵以色列的標誌，但據說這個六角形的星星是來自石榴的圖樣。當然，主張這種說法的人，並不是屬於尊崇《塔木德》的律法權威而衍生的猶太教支派──拉比猶太教，而是猶太教非主流的卡巴拉主義者。

　　今天的猶太教與耶穌當時的猶太教全然不同。在新約時代，猶太教的結構是所謂「一個屋簷下五個家族」的型態，這五個家族就是撒都該派、法利賽派、艾賽尼派、奮銳黨、拿撒勒派。換言之，就是多樣化而又有統一性的一種結構。

拿撒勒派是承認拿撒勒人耶穌為彌賽亞而跟隨祂的一些猶太人，這些人就是出現在四福音書和使徒行傳中的初代基督徒。起初，基督教和猶太教並沒有什麼區別，誕生於猶太教背景的基督教形成獨立自主的宗教、走向「自己的道路」，是從羅馬的君士坦丁大帝發布米蘭敕令，宣布基督教為合法宗教。

　　今天的猶太教，是由主後七十年起義反對羅馬、在羅馬鎮壓下奇蹟般存活下來的法利賽派所推行的法利賽派猶太教。他們把拉比的教導《塔木德》與摩西在西奈山上領受的妥拉一起視為聖潔的教訓。後來這種趨勢一直流傳下來，到了中世紀，歐洲地區再度產生宗派分裂，卡巴拉正式由此而生。

　　卡巴拉主義者排斥拉比猶太教所珍視的《塔木德》，他們認為《塔木德》只不過是城市學者吸取的一種知識。他們認為歸向神的道路，不是靠著拉比的教導，也不是靠著學習深奧的學問和知識，而是惟靠個人的禱告，才能親自遇見神，強調信仰神祕色彩。所以這個運動可說是以個人的禱告和體驗神為中心的一種靈恩運動，並且以中世紀歐洲的鄉村為中心，迅速地擴散開來。

　　據說卡巴拉已經廣傳到美國好萊塢的明星圈，著名流行歌手瑪丹娜就是卡巴拉主義者。她不僅會定期訪問以色列，還在加利利地區購買了一棟別墅。

　　卡巴拉把石榴王冠圖樣的六顆星視為大衛之星。大衛之星是由兩個正三角形交叉重疊組成的，一個三角形代表要在耶路撒冷過的節期，即逾越節、七七節和住棚節。另一個三角形代表即便不前往耶路撒冷也可以過的吹角節、贖罪日和安息日。

為何亞倫的杖開出杏花？

把人搖醒的杏樹

●● 在亞倫杖上所開的花

在民數記第十六章，記載了以利未支派的可拉為中心，挑戰大祭司亞倫權柄的背叛事件。對於可拉一黨的傲慢，摩西這樣指責他們：

> 摩西又對可拉說：「利未的子孫哪，你們聽我說！以色列的神從以色列會中將你們分別出來，使你們親近他，辦耶和華帳幕的事，並站在會眾面前替他們當差。耶和華又使你和你一切弟兄——利未的子孫——一同親近他，這豈為小事？你們還要求祭司的職任嗎？你和你一黨的人聚集是要攻擊耶和華。亞倫算甚麼，你們竟向他發怨言呢？」_民數記16:8-11

神透過摩西吩咐十二支派各取一根杖，放在帳幕的法櫃前面。可是，第二天只有亞倫的杖開花結果。由此可知，神再次高舉大祭司亞倫的權柄。

> 第二天，摩西進法櫃的帳幕去。誰知利未族亞倫的杖已經發了芽，生了花苞，開了花，結了熟杏。_民數記17:8

世上花朵無數，為何亞倫的杖偏偏開了杏花？為何不是連翹花或杜鵑花？
在討論這個問題之前，我們首先要改正一個問題。

在此開出的花翻譯作「杏花」是不正確的，正確的翻譯應為「扁桃」(alomond)。扁桃的希伯來文是「שקד」(shaked)，意思是「搖醒」。那麼，扁桃這個字為何會變成搖醒之意呢？

搖醒沉睡的冬天，最早報曉春天到來

在以色列，季節只有旱季和雨季，但若是你對以色列人這樣說，他們一定會反駁還有春天和秋天，因為他們所說的春天和秋天，是指夏天和冬天輪轉、約一個月左右的轉換期。

從十月開始到四月的雨季期間，許多住在以色列的外國人都會覺得是在度過嚴冷寒冬。這並不是因為以色列的冬天較其他地區冷，而是因為有一些因素會讓體感溫度感覺更低。在以色列的外國人主要生活在耶路撒冷，而耶路撒冷位於海拔 600～800 公尺的山脈上，從山上吹來的寒風著實令人痛苦。大部分在這裡讀書的留學生和事奉者，必須在沒有暖氣設備的環境下度過漫長的冬天。即便能使用暖氣設備，也只是點油燈取暖而已，所以體感溫度仍舊偏低。

在聖經時代，耶路撒冷的冬天想必也是很冷的。耶穌誕生的時候，當時負責管轄以色列的希律王並沒有在耶路撒冷過冬，而是跑到溫暖的耶利哥冬宮去避寒，並且希律王最後去世的地方就在耶利哥。

在極其寒冷的一月底和二月初，扁桃會從加利利地區開始開滿全地。因為扁桃與我們常見的櫻花很相似，所以許多前往以色列的觀光客會堅持認為那是櫻花。

扁桃搖醒沉睡的冬天，最早報曉春天到來，它確實如其名，具有「搖醒」的形象。

扁桃的果實

用靈來搖醒

聖經中經常把希伯來文的扁桃「shakad」當作動詞來使用，這是因為扁桃象徵「搖醒」之意。所以如果不懂希伯來文，就無法把那些經文與扁桃連接在一起來思考。

> 若不是耶和華建造房屋，建造的人就枉然勞力；若不是耶和華看守城池，看守的人就枉然警醒。_ 詩篇127：1
>
> 鞭打褻慢人，愚蒙人必長見識；責備明哲人，他就明白知識。_ 箴言19：25
>
> 來到門徒那裏，見他們睡著了，就對彼得說：「怎麼樣？你們不能同我警醒片時嗎？總要警醒禱告，免得入了迷惑。你們心靈固然願意，肉體卻軟弱了。」_ 馬太福音26：40-41

大祭司的角色是什麼呢？不僅理應時常在靈裡自我警醒，還要搖醒在靈裡睡著的百姓，這正是大祭司的職分吧？所以神才會消滅挑戰大祭司亞倫權柄的可拉一黨，只讓亞倫的杖上長出扁桃。

●● 耶利米在異象中看見的樹枝

耶利米被稱為流淚的先知。他從南國猶大最後的鼎盛時期約西亞王時代開始活躍，直到約西亞王死後、逐漸走向滅亡的猶大末期的混亂期為止。同時，他還是在亡國之後，與留在猶大的百

姓一起逃到埃及生活而經歷過亡國之痛的先知。他望著死不悔改的領袖和百姓痛苦流淚，成為名符其實的流淚先知。

神在南國猶大最後的鼎盛時期——約西亞時代，已經讓耶利米看見杏樹枝的異象，就像是給他打了一針預防針，讓他能夠面對即將來臨的亡國和巴比倫俘虜黑暗期的痛苦。

> 耶和華的話又臨到我說：「耶利米，你看見甚麼？」我說：「我看見一根杏樹枝。」耶和華對我說：「你看得不錯；因為我留意保守我的話，使得成就。」_耶利米書1:11-12

為何神偏偏要在異象中讓他看見一根杏樹枝呢？

扁桃是在漫長冬天裡不眠不休、時常警醒的樹木，而且還在以色列扮演經過寒冷的冬天，最早宣布春天來到的角色。

約西亞死後，南國猶大因著瑪拿西王的拜偶像和罪惡，早已預定要被擄到巴比倫。以色列百姓將三次被擄為巴比倫的俘虜，猶大也會變成長滿棘刺和蒺藜的荒蕪地，所有百姓都將面臨陷入極深的絕望，而看不到一絲希望之光的日子。

神讓耶利米先看見一根杏樹枝的異象，預先做好即將面臨患難的準備。即使在被擄的漫長冬天中，無論寒風如何嚴酷，正如杏樹在冬天不眠不休地成為宣告春天希望的守望者一樣，神絕對會結束俘虜期的冬天，讓春天來臨。

「春天也會來到被侵佔的田野嗎？」是的！神是為了向我們傳達這事必然成就的希望，才讓我們看見杏樹枝的異象。因為祂

在俘虜期的冬天裡也不眠不休，眷顧祂所揀選的百姓，是以色列人的守望者。

●●報曉希望之春的扁桃

在以色列的國會前有一座七燈臺的藝術雕塑，這座燈臺就是過去在會幕和聖殿聖所裡的「*הרונמ*」(menorah)。燈臺的兩側各分出三個枝子，這些枝子與中間的枝子合併成七個燈臺。

各枝子上刻印的代表圖案，就是扁桃花紋與球（另譯：萼），其造型是根據整日在聖殿中燃燒不熄的七燈臺，並結合在萬物沉睡的冬天裡，仍警醒報曉希望之春的扁桃形象。

燈臺 (menorah)

燈臺兩旁要权出六個枝子：這旁三個，那旁三個。這旁每枝上有三個杯，形狀像杏花，有球，有花；那旁每枝上也有三個杯，形狀像杏花，有球，有花。從燈臺权出來的六個枝子都是如此。—出埃及記25：32－33

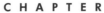

為何以利亞要在羅騰樹底下求死？

聆聽人歎息的羅騰樹

●● 以利亞在羅騰樹下求死

列王紀上十八章中，在迦密山大戰巴力先知獲勝的猛將以利亞，與十九章中在羅騰樹下求死的以利亞，前後的差異有如天壤之別。

以利亞親眼目睹神應允禱告降下火來，彰顯祂是耶和華神，雖然他經歷了神大能的作為，但是看著態度毫無改變的以色列百姓，因而陷入很深的絕望和憂鬱當中。然而雪上加霜的是，他聽到耶洗別要為巴力的眾先知報仇，誓言要殺他的消息。

因此，以利亞不顧一切逃命到以色列最南端的別是巴；他從位於地中海北邊海岸的迦密山，快馬加鞭地逃跑到別是巴，可說是以「下雨天跑，還會起灰塵」般的速度趕路。

但是到達別是巴後，他將僕人留在原地，自己在曠野走了一日的路程。當時以利亞的心情，看似已經決心要死，所以他就坐在一棵羅騰樹下求神賜他一死。

> 自己在曠野走了一日的路程，來到一顆羅騰樹下（羅騰，小樹名，松類；下同）；就坐在那裏求死，說：「耶和華啊，罷了！求你取我的性命，因為我不勝於我的列祖。」_列王紀上19：4

以利亞為何偏偏要在羅騰樹下求死呢？難道在曠野只有羅騰樹而已嗎？

象徵悲慘身世的羅騰樹蔭

羅騰樹生長在以色列曠野，在聖經中亦時常提到。對猶太人來說，在羅騰樹下得蔭庇，象徵身世悲慘。住在曠野的以色列人認為陽光象徵詛咒，樹蔭象徵恩典。因為羅騰樹的外型如同雜亂的掃帚，所以不足以形成樹蔭。然而明知如此，仍然想在羅騰樹蔭下休息，而把頭伸進樹下躺著不動，這是在曠野中最悲慘的一種表現。

因此，以色列人光憑著以利亞坐在羅騰樹下，便能知道他的處境有多麼悲慘，況且他還在那樹下求死。由此可知，以利亞不必開口訴說自己的心情，我們也足能瞭解他的狀況。

我們來看看在這樣悲慘的情況下，神如何用愛來安慰以利亞。

> 他就躺在羅騰樹下，睡著了。有一個天使拍他，說：「起來吃吧！」他觀看，見頭旁有一瓶水與炭火燒的餅，他就吃了喝了，仍然躺下。耶和華的使者第二次來拍他，說：「起來吃吧！因為你當走的路甚遠。」他就起來吃了喝了，仗著這飲食的力，走了四十晝夜，到了神的山，就是何烈山。_列王紀上19:5-8

以下是我在以色列遇到的一位師母的故事。這位專攻美術的師母為了製作主日學教材，曾經畫過「在羅騰樹下求死的以利亞」，但是因為未曾見過羅騰樹，把它錯畫成櫸樹了。當她在曠野實際看到羅騰樹後，便想起那件往事，因而捧腹大笑。

●● 夏甲和以實瑪利被逐

夏甲身為撒拉的女僕，代替不能生育的撒拉與亞伯拉罕同床後，就懷了身孕。這是撒拉等不及神賜兒子給她的應許成就，因而擅作主張的結果。夏甲懷孕後，便馬上自認為是大太太。

但是撒拉生下應許之子以後，問題就來了。因為夏甲的兒子以實瑪利嘲弄以撒，結果導致夏甲和以實瑪利被逐出亞伯拉罕的家。

夏甲和以實瑪利母子被逐到別是巴，在炎熱陽光照射的曠野中，走到沒有水喝、幾乎要死的地步。於是在內蓋夫沙漠中徬徨無助的夏甲，就把以實瑪利撇在小樹叢下，哀聲痛哭。

> 亞伯拉罕清早起來，拿餅和一皮袋水，給了夏甲，搭在她的肩上，又把孩子交給她，打發她走。夏甲就走了，在別是巴的曠野走迷了路。皮袋的水用盡了，夏甲就把孩子撇在小樹底下，自己走開約有一箭之遠，相對而坐，說：「我不忍見孩子死」，就相對而坐，放聲大哭。—創世記21：14-16

在本段經文中被翻譯成小樹的樹叢，就是羅騰樹。因為在曠野走投無路、徬徨失措的悲慘情況下，出現在此背景中的樹木絕對是羅騰樹。

夏甲生下出於人意安排的兒子後，有過一時的驕傲。她忘記自己的身分，產生非分之想，妄想成為女主人。但是當她落

入悲慘處境，在羅騰樹下放聲大哭時，神不僅來遇見她，並為她打開一條活路。

> 神聽見童子的聲音；神的使者從天上呼叫夏甲說：「夏甲，你為何這樣呢？不要害怕，神已經聽見童子的聲音了。起來！把童子抱在懷中（懷：原文是手），我必使他的後裔成為大國。」神使夏甲的眼睛明亮，她就看見一口水井，便去將皮袋盛滿了水，給童子喝。_ 創世記21：17-19

●● 約伯以羅騰的根來延命

約伯全心全意事奉神，因而得享很多祝福，卻因著撒但的嫉妒而失去家庭和一切的榮華富貴。約伯發出嘆息，為自己悲慘的身世唱一首悲傷的歌。

> 在草叢之中採鹹草，羅騰（小樹名，松類）的根為他們的食物。
> _ 約伯記30：4

在此被翻譯成鹹草的植物，是指在曠野沙漠中常見的濱藜。濱藜生長於鹽漬土，因此會把鹽從土壤裡吸取到植物裡面，然後透過植株到樹葉，導致葉子表面呈現灰色或銀色的結晶。因此，許多生活在曠野中的動物都會靠著吃濱藜樹葉，來維持生命所需

之鹽分。但是對人來說，不適合食用，只有窮人和即將餓死的人才會吃這種樹葉。

羅騰的根是長相如掃帚一樣的羅騰樹別名，同樣也是不適合食用的。雖然在我們父母的年代，在春荒時採樹皮和草根來吃，但即使是在那種情況下，羅騰的根和鹹草也是不能食用的植物。由此可知，約伯的處境有多麼悲慘。

羅騰樹象徵著在如同曠野的人生旅途上，可能正處於最悲慘的情況。但是對於不明白這種道理的基督徒來說，卻普遍對於羅騰樹抱持正面的看法，因為我時常看到有些基督教輔導機構或是靈修中心取名為「羅騰之家」。若被猶太人看到，一定會哈哈大笑的。

這就類似一位姓郭的醫師，在美國開業，因此依照姓名音譯，把名片給美國朋友們「I am Dr. Quack」。若是美國人聽了，一定會覺得哭笑不得，因為「Quack」是冒牌的意思。

過去有一位名叫洪一植的醫師，他移民到美國以後，為了取一個比較容易稱呼的美國名字，便取名叫做「ill（「一」的韓文發音）」。可是，當他向美國人自我介紹說「I'm ill」的時候，每個人都感到好笑，因為他明明說自己是醫師，卻又自稱自己生病了（ill是生病的意思）。這怎麼能不引人發笑呢？

接著他又介紹自己的名字說：「I am sick（「植」的韓文發音）」，但意思還是一樣。所以最後實在沒有辦法，就把名字改為美國最普遍的「麥可」。

羅騰樹的意思是「臭水溝」。所以如果取名為「羅騰樹咖啡館」、「羅騰樹教育中心」、「羅騰樹關懷協會」，猶太人一定會笑得

合不攏嘴。因為對猶太人來說，這就像「I am Dr. Quack（蒙古大夫）」是一樣好笑的。所以，還不如引用意思是「真正的避難所」的柳樹，取名為「柳樹之家」，反而會更恰當。

●● 羅騰木的炭火

聖經上出現過關於「舌頭」的有趣敘述。

> 詭詐的舌頭啊，要給你甚麼呢？要拿什麼加給你呢？就是勇士的利劍和羅騰木（小樹名，松類）的炭火。_詩篇120：3-4

在每個國家都有一些關於舌頭的俗語，在我國也有「三寸不爛之舌」的說法，這個俗語的意思是雖然舌頭只有三寸長，卻能言善道。然而在這段經文中，卻是表達在詭詐的舌頭上，加上「羅騰木的炭火」和「勇士的利劍」，同樣也是必須對猶太文化有一定認識，才能理解這句話的真正用意。因此對於不瞭解猶太人文化和風俗習慣的基督徒來說，這句話聽起來當然像謎語一樣。

可以燃燒很久的羅騰木炭

從未接觸過曠野天氣的人，無法想像那地可怕的晝夜溫差。白天因太陽太大，難以呼吸；晚上卻正好相反，變得極其寒冷。這就是令人痛苦的曠野。

所以從未經歷過曠野天氣的人，又怎能完全瞭解神特別用火柱和雲柱來帶領以色列人在曠野走過四十年的恩典？

如果神在白天用火柱、在晚上用雲柱，以色列人一定都會死在曠野。

日間，耶和華在雲柱中領他們的路；夜間，在火柱中光照他們，使他們日夜都可以行走。_出埃及記13：21

今天在以色列仍然能見到在曠野牧羊、住在帳棚裡、過著原始生活的貝都因人，真是一件令人驚奇的事。他們到底是如何忍受曠野的夜晚呢？幾千年以來，貝都因人一直住在曠野，他們能夠忍受曠野夜間的寒冷，其祕訣就在羅騰木的炭火。在炭火上鋪上5到10釐米的土壤，就會變成貝都因人式的麥飯石熱療床墊。睡在這樣的床墊上，就可以度過溫暖的曠野之夜。

羅騰木的炭火特性就是可以燃燒很久，外表上看似燃盡，但是用棍子撥開一看，就可見到裡面還是有火苗在燃燒。

在《塔木德》一書中有與羅騰木炭火有關的有趣記載。

在住棚節看著羅騰木的炭火燒起來才離開的人，在過完逾越節回來時，仍然可以看到炭火還在燃燒。

當然這是一種誇張的說法。在以色列，從十月開始的住棚節直到四月的逾越節，算是降雨的雨季。在這個世界上，不可能有

勇士的利箭？

　　到底利箭與詭詐的舌頭有什麼關係呢？思想利箭的優點和特性，就可以找到二者之間的關係。刀和劍等一般武器，只有在跟敵人近距離打仗時，才能讓對方受到致命傷害。相對地，在遠距離也能讓對方受到致命傷的武器，就是箭。

　　在《塔木德》一書中有一段可以看透猶太人思想的趣談。

用來自羅馬的一句話，可以把居住在敘利亞的人殺死。

　　從詭詐的舌頭發出來的一句話，甚至能繞來繞去繞到地球對面的人身上，給予他們致命的打擊。

這樣，舌頭在百體裏也是最小的，卻能說大話。看哪，最小的火能點著最大的樹林。舌頭就是火，在我們百體中，舌頭是個罪惡的世界，能污穢全身，也能把生命的輪子點起來，並且是從地獄裏點著的。

_ 雅各書3：5-6

能夠持續燃燒六個月之久的木炭，所以這個敘述只是在形容羅騰木的炭火可以燃燒很久。

據說羅騰木的炭火大概可以燃燒三天左右，堪稱木炭之王。我覺得如果本地的烤肉店能夠使用進口的羅騰木炭，必定能節省不少木炭的費用。

因此，如同羅騰木的炭火可以燃燒很久，從詭詐的舌頭說出來的話也會有很長久的果效。再者，從詭詐人的舌頭說出來的話也不可能回收，而會像羅騰木的炭火一樣，對人造成長久的致命傷。

為何亞伯拉罕要栽種垂絲柳樹？

如同曠野人生的避難所──垂絲柳樹

●● 亞伯拉罕為何要在別是巴栽種垂絲柳樹？

亞伯拉罕在別是巴栽種垂絲柳樹，是在他蒙神呼召離開迦勒底的吾珥，往迦南地去定居，並經過一段很長時間之後。

亞伯拉罕順利解決與亞比米勒的井水問題後，過著平安無事的生活。就在這個時候，他跑到位於內蓋夫沙漠中央的別是巴，栽種了一棵垂絲柳樹。

> 亞伯拉罕在別是巴栽上一顆垂絲柳樹，又在那裏求告耶和華——永生神的名。亞伯拉罕在非利士人的地寄居了多日。_ 創世記21:33-34

他為何要栽種垂絲柳樹，並在那棵樹底下求告耶和華的名呢？

垂絲柳樹與羅騰樹不同，它可以提供很好的蔭涼處。此外，因為它的樹根能夠扎得很深，吸取到地底深處的水分，所以可以在缺水的環境下生存。

垂絲柳樹的葉子帶著鹽分，藉著鹹葉的成分吸收空氣中的水分後，在黎明時就會結成露水，所以非常美麗。當猶太人在點點露珠的垂絲柳樹底下休息時，就能在曠野般人生中享受到一時的安息與平安。太陽升起以後，在黎明時累積成串的露珠就會開始逐漸蒸發。在白晝炎熱的曠野中，垂絲柳樹底下的樹蔭因著露水蒸發之故，會比周圍的溫度低十度左右。

亞伯拉罕在別是巴曠野栽種了，可以為路人提供真正休息場所的垂絲柳樹，又在那裡求告耶和華永生神的名。亞伯拉罕蒙神

呼召前去定居的迦南，是個充滿了偶像、每個偶像都在呼喊「你是神明，我也是神明」的地方。我想他在這種崇拜各種偶像的迦南文化中，亞伯拉罕從撒拉靠著神能力懷孕的故事開始，向人們見證耶和華神。換言之，或許亞伯拉罕就在垂絲柳樹底下傳講獨一的真神，惟有一位名叫以羅欣的神。

●● 為何掃羅要坐在垂絲柳樹下執政呢？

以色列的第一個王掃羅執政治理的時代，正值從士師時代邁入王政時代的過渡期。

以色列是以尊崇耶和華為王，由十二支派結盟組織的體系。但是自從強敵非利士人出現以後，便開始接納外邦人的王政制度。

當掃羅成為以色列的王時，支派的組織體系依然沒變，也沒有採取中央集權式的行政機構和官僚制度。直到大衛王時代，才正式建立中央集權式的王權。所以掃羅不僅沒有後宮，除了親屬押尼珥以外，也沒有其他的指揮官。而且，他根本就無法想像擁有一座豪華的宮殿，只能算是一位有名無實的王。

掃羅是在他的家鄉基比亞執政的。聖經上描述他坐在基比亞的垂絲柳樹下執政，這到底是什麼意思呢？

掃羅在基比亞的拉瑪，坐在垂絲柳樹下，手裏拿著槍，眾臣僕侍立在左右。掃羅聽見大衛和跟隨他的人在何處。_ 撒母耳記上 22:6

基比亞位於耶路撒冷以北約 5～8 公里處，屬於便雅憫支派的城市。垂絲柳樹生長在以別是巴為中心的以色列最南端曠野和沙漠地區，因此在北邊便雅憫支派的山地上，實在不太可能看到這種樹，想必是有人故意栽種的。

　　因此可推測當時掃羅連王宮都沒有，但他在自己的故鄉基比亞種了垂絲柳樹後，就在樹下執政。只有掃羅王和幾位臣僕在其中的指揮部——垂絲柳樹，想必從很遠處也可望見。

　　類似的情況也出現在士師時代的底波拉執政期。

　　她住在以法蓮山地拉瑪和伯特利中間，在底波拉的棕樹下。
　　以色列人都上她那裏去聽判斷。＿士師記4：5

　　底波拉是在拉瑪和伯特利中間的棕樹下執政，以色列百姓都到她那裡去受審。

　　棕樹也是生長在曠野和沙漠泉水旁的樹木。拉瑪和伯特利是指比基比亞更偏北的以法蓮山地，按照當地的自然生態條件，實在不太可能有棕樹生長。所以應該也是有人故意把棕樹栽種在那裡，使百姓能一眼看到不尋常的棕樹，就可以前往底波拉的指揮總部去受審。

芫荽

●●嗎哪和垂絲柳樹的露水

露水上升之後，不料，野地面上有如白霜的小圓物。

_出埃及記16：14

這食物，以色列家叫嗎哪；樣子像芫荽子，顏色是白的，滋味如同攙蜜的薄餅。_出埃及記16：31

以色列百姓在曠野流浪四十年而沒有餓死的原因，就是因為

嗎哪。嗎哪不是從天上像下雨般降下來的糧食，而是在黎明時與露水一起降下來，等露水乾了以後，才會長出來的糧食。

　　聖經學家在證實嗎哪確有其事的過程中，提出一個與垂絲柳樹有關的趣事，把和露水一起降下的嗎哪，與在曠野結出點點露珠的垂絲柳樹連結在一起。他們說有一種以垂絲柳樹的葉子為食的昆蟲，這種昆蟲在日出時，會馬上製造一種可乾燥的液態碳水化合物。他們推測這大概就是所謂的「攙蜜的薄餅」——嗎哪。

雜草是芥菜樹？

長成巨木的雜草——芥菜種

芥菜樹是來以色列朝聖的觀光客最想看到的一種聖經植物。

但是他們在看過芥菜樹以後，往往會感到非常失望。望著展現在眼前的加利利湖，心中充滿感動的時刻，轉頭卻看到如雜草般生長的芥菜，就會皺起眉頭，露出一臉不滿的表情。

這時我會看著遊客，呢喃自語地說：

「那就是在芥菜種比喻中所說的芥菜樹。」

這時，他們都會睜大眼睛反問我：

「不可能吧！這怎麼會是芥菜樹呢？長得這麼難看！」

「這怎麼可能長成樹，讓飛鳥來宿在它的枝上呢？你有沒有搞錯啊？」

我看到許多基督徒看過芥菜樹以後面露失望的表情。以一世紀猶太人的眼光來看許多耶穌所說的聖經比喻，和以現代文明的眼光來看，確實會有很大的差異。如果你真的看過在加利利湖邊像雜草般生長的芥菜，就絕不會照著自己的方式來理解耶穌所講的芥菜種比喻。

閱讀「天國好像一粒芥菜種」的比喻時，不能把焦點放在「芥菜成了樹，天上的飛鳥來宿在它的枝上」。 那麼，到底應該如何理解芥菜種的比喻呢？

在此該思考的地方有兩點：第一，芥菜就是遍滿田野的雜草。第二，神把這雜草的一粒種子種在自己的園子裡。

沒有人會把一粒不起眼的雜草種在自己的園子裡，並視為至寶來栽培，因為芥菜不至於美麗到可以拿來種在園子裡，況且它也沒有什麼香味。所以芥菜根本就不適合當作園子裡的植物來栽

種，只能算是雜草中的雜草。而且對管理庭園的人來說，最大的敵人就是這種雜草。

雜草不能種在園子裡，而且要全部拔掉，這不就是雜草的宿命嗎？

> 耶穌說：「神的國好像甚麼？我拿甚麼來比較呢？好像一粒芥菜種，有人拿去種在園子裏，長大成樹，天上的飛鳥宿在它的枝上。」_路加福音13：18－19

在耶穌時常事奉的加利利地區，當地人非常瞭解到了二月時在加利利湖邊如雜草般長出來的芥菜。耶穌把這種雜草的種子種在自己的園子裡，想讓它長成飛鳥可寄宿的大樹。換言之，他們聽了這句話以後，就能領受用言語也難以形容的恩典。

當時加利利的居民受到羅馬的逼迫，被迫離開以耶路撒冷聖殿為中心形成的主流社會，遭受「外邦加利利」的藐視，被欺壓得像雜草一樣。

然而耶穌卻對這些人說，祂要把雜草的種子種在自己的園子裡，讓它長成大樹。這是在告訴他們，天國的百姓就像是這種雜草出身的人。後來跟隨耶穌的十二個門徒，確實長成可讓許多飛鳥棲息的巨木！

耶穌在三年多的事奉生涯中，積極地尋找探訪像雜草般被遺棄的人。耶穌不斷去尋找稅吏、娼妓和痲瘋病患這些被社會遺棄的人，並以身作則，親自實踐了芥菜種的比喻。

耶穌與世上言行不一的人權運動家不同，祂親身實踐自己的教導。

他又設個比喻對他們說：「天國好像一粒芥菜種，有人拿去種在田裏。這原是百種裏最小的，等到長起來，卻比各樣的菜都大，且成了樹，天上的飛鳥來宿在它的枝上。」

_ 馬太福音13：31-32

又說：「神的國，我們可用甚麼比較呢？可用甚麼比喻表明呢？好像一粒芥菜種，種在地裏的時候，雖比地上的百種都小，但種上以後，就長起來，比各樣的菜都大，又長出大枝來，甚至天上的飛鳥可以宿在它的蔭下。」

_ 馬可福音4：30-32

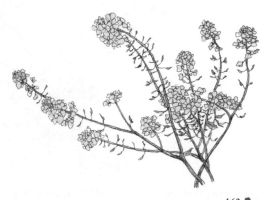

荊棘是橡樹？

象徵新希望的橡樹

●● 荊棘是橡樹？

在以賽亞書第五十五章中歌頌錫安得蒙燦爛恢復時，經文提到了荊棘。

> 松樹長出，代替荊棘；番石榴長出，代替蒺藜。這要為耶和華留名，作為永遠的證據，不能剪除。_以賽亞書55：13

這裡的荊棘是指葉上帶著很多刺的普通橡樹——麻櫟(naatzutz)，而這種植物在中文聖經中被翻譯成荊棘。若是不懂希伯來語，很可能會把它誤解成別的樹木。

橡樹可分為以耶路撒冷為中心的猶大山地生長的普通橡樹，以及以北邊的他泊山為中心生長的他泊山橡樹。普通橡樹的希伯來文為「נעצוץ」(naatzutz)，此字源來自意味著「圖釘」之意的「נעץ」(naath)。因為這種橡樹的葉邊上帶有很多刺，比較容易刺傷人，因而得名。他泊山橡樹的希伯來文為「נהלל」(nahalol)或「נהלל」(nahalaw)，其特徵是葉子上沒有尖尖的刺。在聖經中，它還會以城市的名字出現。

> 還有加他、拿哈拉、伸崙、以大拉、伯利恆，共十二座城，還有屬城的村莊。_約書亞記19：15
>
> 西布倫沒有趕出基倫的居民和拿哈拉的居民。於是迦南人仍住在西布倫中間，成了服苦的人。_士師記1：30

普通橡樹

　在毫無人跡的猶大山地自然森林中，長得最茂盛的樹木就是普通橡樹。所以照著以賽亞的預言，當錫安在彌賽亞的日子得著恢復，黎巴嫩的松樹就會代替普通橡樹（荊棘）。

●● 以賽亞的預言與荊棘

　在北國以色列的比加王和亞蘭的利汛王聯合起來攻打南國猶大的亞哈斯王時，南國猶大面臨了最大的危機。當時神吩咐先知

他泊山橡樹

以賽亞去告訴亞哈斯王，比加和利汛只不過是兩個冒煙的火把頭（燒焦的木頭）罷了，他只要堅定倚靠神就夠了（以賽亞書7：4），但是亞哈斯不想倚靠眼睛看不見的神，反而想倚靠眼睛看得見的亞述強大力量來逃過這場危機。

當神知道這件事以後，再次透過以賽亞來警告亞哈斯王：如果讓北方強大的亞述介入，南方強大的埃及也會隨著跟進，其結果必會導致夾在中間的以色列成為戰場。

> 那時，耶和華要發嘶聲，使埃及江河源頭的蒼蠅和亞述地的蜂子飛來；都必飛來，落在荒涼的谷內、磐石的穴裏，和一切荊棘籬笆中，並一切的草場上。_以賽亞書7：18-19

使埃及江河源頭的蒼蠅和亞述地的蜂子飛來，是指兩個強大的國家會一擁而上。這是一種諷刺的比喻，換言之，這兩個強大的國家在神眼裡只不過是冒煙的火把頭而已，但是我們難以理解為何要做這樣的比喻。這種植物的比喻，只有懂希伯來文的人才能理解。

荒涼的山谷和磐石的穴縫，是指以色列南部地區遍布山谷和磐石的內蓋夫曠野與沙漠；荊棘籬笆是指在以色列中央位置的猶大山地上的普通橡樹；草場則是指以色列北部的他泊山橡樹。意即不管在以色列南部、中部或北部的國土，都會被埃及和亞述的軍隊攻佔，以致荒廢。

●● 橡樹與樹不子的比喻

在所羅門王之後，南國猶大達到鼎盛時期是在烏西雅王的時代。在他因痲瘋病而死的那年，以賽亞領受了神的話語。當以賽亞聽見主對他說，祂要使百姓們心蒙脂油，耳朵發沉……時，他問：「主啊，這到幾時為止呢？」主說，要直到猶大地完全荒涼為止。但是，主也許下聖潔的樹不子（殘幹）。此處經文出現了栗樹和橡樹的比喻，那麼，被留下來的樹不子與栗樹和橡樹，彼此之間又有何關係呢？

> 我就說：「主啊，這到幾時為止呢？」他說：「直到城邑荒涼，無人居住，房屋空閒無人，地土極其荒涼。並且耶和華將人遷到遠方，在這境內撇下的地土很多。境內剩下的人若還有十分之一，也必被吞滅，像栗樹、橡樹雖被砍伐，樹不子卻仍存留。這聖潔的種類在國中也是如此。」_ 以賽亞書6:11-13

這裡提到的樹不子是與栗樹和橡樹的葉子有關的比喻。

聖經中被翻譯成栗樹的樹木，希伯來文名字是「אלה」（ellah，以拉）。以拉在十一月份會變色，猶如楓紅，把以色列山地染成一片美麗的顏色。在以色列，變成楓紅色的以拉象徵最高榮耀。但是這種葉子也不會長存，終會凋謝而失去所有的榮耀，最後只剩下瘦弱的枝子。

猶大國經過烏西雅王的鼎盛時期，在他死後，國勢馬上衰

退，就好像只剩下瘦弱枝子、葉子凋謝的以拉。但是本段經文中還有提到橡樹，因此我們首先要瞭解橡樹葉子的特性，才能明白這節經文的意思。橡樹的葉子雖然不會像以拉一樣變成華麗的楓紅色，但是在葉子凋謝之前，一定會長出新葉的嫩芽，所以不會發生只剩下瘦弱枝子的淒涼情況。這節經文以象徵性的方式告訴我們，滅亡不是盡頭，而在滅亡之中仍然有新的希望，就像樹不子一樣仍然存留著。

長出新葉嫩芽的橡樹

被染成楓紅色的以拉

葉子逐漸凋謝的以拉

為何耶穌要戴荊棘的冠冕？

審判百姓愚蠢的荊棘

●● 約坦與荊棘的比喻

自立為王的亞比米勒

士師記以士師時代邁向王政時代的過渡期為背景，論述「誰才是真正的王」。當時圍繞以色列的外邦國家都是以強大的王權為基礎，展現國家的面貌。但是以色列仍然維持著十二支派的體系，只有在國家面臨危險時，士師才會登場治理，這是一種完全屬於地方分權自治的執政方式。

神希望自己親自成為以色列的王，建立一個政教合一的國家。但是以色列在周邊國家的威脅之下，反而求撒母耳效法列邦，為他們立一位王，幻想這一位王必定可以在外來的侵略中保護他們。撒母耳把王政體系的狀況一一地向他們說明，接著就問百姓，你們仍然想要王嗎？換言之，如果立了王，以色列百姓以後不僅要擔負參軍的義務，還要繳交重稅。撒母耳清楚地告訴要求採行王政體系的百姓，以後必定會有犧牲和流血的情形。

管轄你們的王必這樣行：他必派你們的兒子為他趕車、跟馬，奔走在車前；又派他們作千夫長、五十夫長，為他耕種田地，收割莊稼，打造軍器和車上的器械；必取你們的女兒為他製造香膏，做飯烤餅；也必取你們最好的田地、葡萄園、橄欖園賜給他的臣僕。你們的糧食和葡萄園所出的，他必取十分之一給他的太監和臣僕；又必取你們的僕人婢女，健壯的少年人和你們的驢，供他的差役。你們的羊群他必取

十分之一，你們也必作他的僕人。那時你們必因所選的王哀
求耶和華，耶和華卻不應允你們。＿撒母耳記上8：11-18

亞比米勒身為基甸的兒子，卻把自己的七十個弟兄全部殺死
在磐石上。一如荊棘全身是刺一樣，亞比米勒也是全身充滿了惡
行，是個像荊棘一樣的人。他絕對不可能成為良善的好王，但是
示劍人只因亞比米勒是同鄉，就立他為王。

荊棘要求眾樹徹底地服從及屈服於他，甚至還威脅他們說，
如果不這麼做，火會從荊棘裡出來燒毀黎巴嫩的香柏樹。那麼，
火從荊棘裡出來燒毀黎巴嫩的香柏樹，到底是什麼意思呢？

約坦與荊棘

約坦站在基利心山頂上，向立亞比米勒為王的示劍百姓大聲
宣佈「樹木的比喻」。這是在暗示百姓立了邪惡之王，將來必會遭
遇痛苦和悲慘的結局。

樹木依序拜訪橄欖樹、無花果樹和葡萄樹，請求它們來作樹
木的王。但是它們全都拒絕了這個請求，所以最後只好去請求荊
棘來作王。對於要求立它為王的樹木，荊棘只提出一個條件，就
是「要投靠在它的蔭下」。

這句話的意思不是說來到荊棘的蔭下好好休息，而是「來到
我底下徹底屈服於我」。如果不這麼做，就會受到火「從荊棘裡出
來燒毀黎巴嫩的香柏樹」的威脅。

眾樹對荊棘說：『請你來作我們的王。』荊棘回答說：『你們若誠誠實實地膏我為王，就要投在我的蔭下；不然，願火從荊棘裏出來，燒滅黎巴嫩的香柏樹。』─士師記9：14-15

若想瞭解這經文的意思，首先要瞭解荊棘和香柏樹生長的地方。這兩種樹的生長地不同，荊棘是生長在平地上，香柏樹是生長在以色列北部黎巴嫩國境的山地上。

火從荊棘裡出來燒毀黎巴嫩的香柏樹，是指讓惡者出來作王時，其災殃會廣泛影響到全以色列。從荊棘裡出來的火會一直延燒到以色列北邊傳統上的疆界——黎巴嫩山脈，而把那裡的香柏樹燒毀。你在這裡是否看到所謂外邦國家王政體制的真相呢？

●●耶穌的荊棘冠冕──阿塔德

在約坦的比喻中出現的荊棘，希伯來文稱為「אטד」（阿塔德）。阿塔德生長在約旦的溪谷和平原，並且可長成大樹，形成大片的樹蔭。在聖經時代，阿塔德主要生長在麥田間，是農夫秋割時很好的休息處。至今阿拉伯仍然有「在阿塔德的樹蔭下吃飯睡午覺」的俗語，就是由形成大片樹蔭的阿塔德之形象而流傳至今。

以色列人在送葬到墓地的途中，都會有一兩站休息的地方，主要都是在阿塔德的樹蔭下。因為阿塔德擁有一大片樹蔭，是讓長長的送葬隊伍得以暫時停下來休息的最佳場所。

住在埃及尼羅河下游東邊歌珊地的以色列百姓，想照著雅各

的囑咐，把他的屍首埋在祖先的墳地——希伯崙的麥比拉洞，便組成很長的送葬隊伍從埃及出發。往希伯崙前進的送葬隊伍越過約旦河後，就在亞達的禾場歇息。這裡的亞達指的就是阿塔德。

> 於是約瑟上去葬他父親。與他一同上去的，有法老的臣僕和法老家中的長老，並埃及國的長老，還有約瑟的全家和他的弟兄們，並他父親的眷屬；只有他們的婦人孩子，和羊群牛群，都留在歌珊地。又有車輛馬兵，和他一同上去；那一幫人甚多。他們到了約旦河外、亞達的禾場，就在那裏大大地號咷痛哭。約瑟為他父親哀哭了七天。_ 創世記50:7-10

由於阿塔德有許多刺，所以在編製耶穌的荊棘冠冕時，它是最好的選擇。阿塔德亦被稱為「Christ's thorn」（基督的荊棘）；其正確的學名叫做「ziziphus spina-christi」，中文翻作「敘利亞棗樹」。

> 當下彼拉多將耶穌鞭打了。兵丁用荊棘編做冠冕戴在他頭上，給他穿上紫袍，又挨近他，說：「恭喜，猶太人的王啊！」他們就用手掌打他。 彼拉多又出來對眾人說：「我帶他出來見你們，叫你們知道我查不出他有甚麼罪來。」耶穌出來，戴著荊棘冠冕，穿著紫袍。彼拉多對他們說：「你們看這個人！」祭司長和差役看見他，就喊著說：「釘他十字架！釘他十字架！」彼拉多說：「你們自己把他釘十字架吧！我查不出他有甚麼罪來。」_ 約翰福音19:1-6

荊棘的種類

　　很多聖經學家認為阿塔德就是約坦講的荊棘，但是以色列傳統所說的荊棘卻是「משית」（yik-shat，以克塞特），所以經常混淆不清，很難區分。

　　以克塞特源自於意思是「弓」的「克謝特」一詞。因為以克塞特的樣子長得很像弓，其枝子也很獨特地交錯纏繞在一起，即使在風中也絕不會動搖。以克塞特一般會長到0.5～2公尺左右，在聖經時代常被當作圍籬。又因多刺的緣故，在以色列也被叫做荊棘。

　　但是有幾個原因，導致以克塞特不可能是約坦比喻中的荊棘：

　　第一、以克塞特與阿塔德不同，它無法形成一大片樹蔭。聖經上出現的荊棘說「要投在我的蔭下」，表示這裡說的荊棘具有形成一大片樹蔭的特性。

　　第二、以克塞特的枝子水分較多，不易燃燒，所以即便在枝頭上點上火，燒到一半便會自動熄滅。但是阿塔德不同，它被火點著時，不僅會馬上燒掉整棵樹木，甚至可能會燒毀鄰近的樹木。由此可知，以克塞特的特性並不符合經上說的：「從荊棘裡出來，燒毀黎巴嫩的香柏樹。」

●● 另一種荊棘 —— sirim

聖經上還有另一種荊棘，就是希伯來文的「סירים」(sirim)。有趣的是這個詞意味著鍋，這是因為 sirim 的果實成熟後呈紅色圓圓的樣子，就像煮食的鍋一樣。

sirim 隨著生長的環境不同，其樣貌也多變。生長在陰濕處的 sirim，其葉子整年常綠而茂盛，葉子上茂盛的刺也較軟，以至於被刺時不會感到刺痛。相反地，生長在曠野烈日下的 sirim 不僅長期無葉，其枝子也較硬而尖銳，所以被刺到時會感覺很痛。

在鍋下燒的另一個鍋 —— sirim

sirim 很容易被點燃而馬上燒起來，尤其是燃燒時會發出劈劈啪啪的響聲，就像過去傳統農家使用的灶炕，用木柴生火煮食時會發出劈劈啪啪的聲音一樣。

傳道書的作者把愚昧人不假思索只顧著笑的笑聲，比喻為燃燒 sirim 時發出的劈劈啪啪響聲。檢查

愚昧人的笑聲，好像鍋下燒 荊棘的爆聲；這也是虛空。_ 傳道書7:6

在此，有趣的是意味著鍋的荊棘(sirim)被當作燒鍋的柴火使用。這句話也是惟有懂希伯來語的人才能明白的另一種猜字遊戲。

Sirim（荊棘）

降臨在惡人身上的審判和 sirim

詩篇的作者把對不公正和不義之惡人的忿怒，描寫為荊棘燒火。

你們用荊棘燒火，鍋還未熱，他要用旋風把青的和燒著的一齊颳去。 _ 詩篇58：9

這句話中出現兩種 sirim；即青的和燒著的。青的，是指生長在濕地上的青葉 sirim；燒著的，是指生長在曠野上完全枯乾的 sirim。這是以瞬間燒毀一切荊棘來描寫臨在惡人身上的審判和忿怒的表現手法。

一瞬間被火燒滅的尼尼微和 sirim

先知那鴻把尼尼微即將面臨神的審判，描述為瞬間燃燒起來的 sirim。

你們像叢雜的荊棘，像喝醉了的人，又如枯乾的碎秸全然燒滅。 _ 那鴻書1：10

這裡的「叢雜的荊棘」就是指 sirim。這是在預言當神審判尼尼微時，必會以烈怒來審判，如同將枯乾的碎秸全然燒滅一樣。

臨到以東的徹底審判和 sirim

在許久沒有耕種的地上長出來的植物，就是 sirim。當農夫要耕地或建葡萄園時，首先做的一件事，就是割掉長在地上的 sirim。

以東的宮殿要長荊棘；保障要長蒺藜和刺草；要作野狗的住處，鴕鳥的居所。_以賽亞書34：13

長 sirim 是指以東會受到審判，其宮殿將會荒廢。

先知何西阿的預言和 sirim

聖經時代的猶太人把 sirim 種在葡萄園圍籬的石牆上面，這是因為怕羊和山羊翻牆進到葡萄園裡來踐踏葡萄的緣故。何西阿先知以這種 sirim 的比喻，向以色列百姓說預言。

因此，我必用荊棘堵塞她的道，築牆擋住她，使她找不著路。_何西阿書2：6

只要以色列人聽從神的話語，神就必會燒毀圍牆上所有的 sirim，讓他們的前途平坦無阻。但是若不順從，就必會讓 sirim 成為他們的長城和圍牆，使他們找不著路。

CHAPTER

為何杜松遭到詛咒？

被詛咒的所多瑪果子

●● 所多瑪和杜松一起被詛咒

耶和華如此說：依靠人血肉的膀臂，心中離棄耶和華的，那人有禍了！因他必像沙漠的杜松，不見福樂來到，卻要住曠野乾旱之處，無人居住的鹼地。_耶利米書17：5-6

這節經文是以沙漠的杜松，來比喻依靠人者虛空和徒勞的結局。

在這裡被翻譯成「沙漠的杜松」的樹木，在以色列被稱為「所多瑪的果子」。這種樹木以死海為中心，沿著約旦河谷的阿拉瓦曠野生長。它被稱為所多瑪的果子，是因為它在所多瑪和蛾摩拉被滅時一起遭到詛咒的緣故。

所多瑪的果子會像蘋果般結出很大的果實，但是把看似好吃的果子摘下來，就會發現果腹裡是空的，充滿了像棉花般的白絲。我想在與所多瑪一同被詛咒之前，應該不是這樣的，所以真的是會令人感到虛空和悲傷的果子。

所多瑪的果子擁有寬大的葉子和朝天綻放的花朵，極像舉起雙手向天呼叫的模樣。

聖經是在宣告，依靠人者有如所多瑪的果子一樣，只會有虛無的結局和受到詛咒。

所多瑪的果子

●●所多瑪的果子象徵所有被造物的歎息

在詩篇中被翻譯成「窮人」的單字，其實就是所多瑪的果子。在希伯來文中，所多瑪的果子稱為「רערע」(arar)，意思是「上訴、請願」。所以詩篇的作者很可能是從神並不藐視窮人，而聯想到所多瑪的果子。

他垂聽窮人的禱告，並不藐視他們的祈求。_詩篇102：17

因著人類的罪惡而一同遭到詛咒的所多瑪果子，象徵一切受造物在一同等候人類最後的救贖和救恩，而發出的歎息。

因為受造之物服在虛空之下，不是自己願意，乃是因那叫他如此的。但受造之物仍然指望脫離敗壞的轄制，得享（享：原文是人）神兒女自由的榮耀。我們知道，一切受造之物一同歎息，勞苦，直到如今。不但如此，就是我們這有聖靈初結果子的，也是自己心裏歎息，等候得著兒子的名分，乃是我們的身體得贖。_羅馬書8：20-23

為何所羅門要用香柏木蓋房子？

象徵榮華的香柏木

●●彰顯大衛和所羅門時代榮耀的香柏木

在以色列的整個歷史中，最偉大的黃金時代應該就是大衛和所羅門時代。

所羅門確實地守住大衛藉著征服戰爭擴展的領土。另外，他還善加利用以色列位於美索不達米亞和埃及文明中間的地緣優勢，發揮最大的經濟效益。因此所羅門時代的以色列毫無疑問是最強大的帝國。

聖經上用香柏木來表達大衛和所羅門時代的榮華。大衛在建造宮殿時，向泰爾王希蘭購買香柏木；所羅門在建造聖殿時，同樣也從泰爾進口香柏木。

對聖經時代的猶太人來說，香柏木聳立、直指向天的姿態，毫無遜色地象徵榮華。

> 泰爾王希蘭將香柏木運到大衛那裏，又差遣使者和木匠、石匠給大衛建造宮殿。大衛就知道耶和華堅立他作以色列王，又為自己的民以色列使他的國興旺。_撒母耳記下5：11-12
> 所羅門差人去見泰爾王希蘭，說：「你曾運香柏木與我父大衛建宮居住，求你也這樣待我。」_歷代志下2：3

列王紀作者同樣也用香柏木來描寫所羅門時代的榮華。

> 王在耶路撒冷使銀子多如石頭，香柏木多如高原的桑樹。
>
> _列王紀上10：27

　　生長在以色列平地上的桑樹（野無花果樹），是質地輕又堅固，且不易腐爛的最佳木材。可是到了所羅門時代，這種桑木卻被黎巴嫩的香柏木取而代之。

　　所羅門講論草木，從黎巴嫩的香柏樹直到牆上長的牛膝草等以色列植物皆在其中。但是身為植物學博士的他，難道不知道桑樹（野無花果樹）才是最適合以色列現實環境的最佳木材嗎？

　　在以色列，由於石材取得較為容易，因此當地在興建房屋時，除了屋頂之外，其他部分都使用石頭來建造。惟有屋頂的樑柱才使用木材，而使用的木材就是桑樹。

　　由於以色列地震頻繁，一年約有260次地震，若使用質地重的香柏木來蓋屋頂，恐怕會有屋頂倒塌的危險。更何況香柏木不是原產於以色列，必須從位於寒冷的黎巴嫩山脈旁的泰爾引進的昂貴進口木材。所以就木材本身來說，香柏木並不適用，而且不能算是合適的建材。

> 他講論草木，自黎巴嫩的香柏樹直到牆上長的牛膝草，又講論飛禽走獸、昆蟲水族。_列王紀上4：33

執著於香柏木的所羅門

香柏木的姿態象徵榮華富貴，但是它在以色列並不適合當

作建材。關於這一點，所羅門比任何人都清楚，但他卻不理會這個事實，還是使用香柏木來裝飾所有建築物，並且獨獨執著於香柏木。

所羅門當上王之後，在建造聖殿上花了七年的時間，之後在建造自己宮殿上花了十三年的時間。換言之，他花了統治期一半的時間，即二十年來完成建設工作。而且他進行建設的真正理由，並不是為了要興建堅固的建築物，而是想讓所羅門政權的榮華揚名四海。

使用香柏木建造的所羅門王宮裡有一座龐大的庭院，裡頭栽種了從世界各地引進來的珍貴植物，但是詩篇作者只提到其中兩種：棕樹和香柏樹。

義人要發旺如棕樹，生長如黎巴嫩的香柏樹。他們栽於耶和華的殿中，發旺在我們神的院裏。＿詩篇92：12-13

在神的院子裡栽種的樹木很多，為何只提到棕樹和香柏樹呢？

棕樹是生長在南方炎熱曠野和沙漠地區的樹木，而香柏樹正好相反，是生長在寒冷的北方，被萬年雪覆蓋的黎巴嫩山脈上的樹木。詩篇作者在此提到代表南北方的兩種樹木，間接地顯明成為列邦之首的所羅門帝國之榮華。

自我宣傳大師——所羅門

對居住在以色列中央山脈地帶的百姓來說，主要的交通工具就是驢。因為驢的腳很結實，可以輕易地搬運很重的東西。

但是所羅門把夏瑣、米吉多和基色的城市改為要塞而建造馬兵之城後，便飼養了很多馬匹。他飼養馬的目的，到底是什麼呢？剛才不是提到過，就以色列的地形而言，最適合的交通工具不是馬，而是驢嗎？

馬對聖經時代的猶太人來說，象徵著力量和權力，以及強大的軍事力。由此可知，所羅門沒有選擇實用性的驢，反倒選擇了能夠展現自己力量和軍事力的馬。

又建造所有的積貨城，並屯車和馬兵的城，與耶路撒冷、黎巴嫩，以及自己治理的全國中所願建造的。

_列王紀上 9：19

在所羅門時代，甚至連盾牌都是用金子打成的。據說用金子打成的大盾牌就有兩百個，小盾牌有三百個。若站在實用性的立場來看，銅盾牌就夠用，根本不必要用金子打造盾牌。

所羅門王用錘出來的金子打成擋牌二百面，每面用金
子六百舍客勒；又用錘出來的金子打成盾牌三百面，
每面用金子三彌那，都放在黎巴嫩林宮裏。

_ 列王紀上10：16－17

這也是所羅門為了展現自己的權力、富貴和名譽的一種
表現手法罷了。

綜合以上事實可見，所羅門政權與實用主義政權還相差
甚遠。

●● 驕傲和虛張聲勢的樹木——香柏樹

神責備約雅敬在南國猶大末期，國家走向滅亡的情況下，仍
然使用香柏木來建宮殿。

難道你作王是在乎造香柏木樓房爭勝嗎？你的父親豈不是也
吃也喝、也施行公平和公義嗎？那時他得了福樂。

_ 耶利米書22：15

北國以色列遭到亞蘭王哈薛毀滅性的攻擊，而變成一片焦
土，但是隨著亞述再次的復興，亞蘭不得不開始提防亞述。後來
北國以色列藉此機會，終於進入從約阿施繼位到耶羅波安二世的
最後一次復興期。

在北國以色列約阿施為王的時代，南國猶大由亞瑪謝統治。亞瑪謝擊退以東後，正式對北方的約阿施下挑戰書。對此，約阿施把自己比喻為黎巴嫩的香柏樹，而把提出挑戰書的亞瑪謝比喻為黎巴嫩的蒺藜，藉此來嘲弄他。

經過所羅門時代的輝煌盛世後，以色列分裂成南北兩國，過去的榮華不再，淪落為二流國家。隨著北方亞蘭和亞述的攻擊，還面臨國土被分割的危機。既然如此，他們應該利用敵人一時後退的機會，聯合南北的力量，為他們的未來著想才對吧？但是約阿施和亞瑪謝卻藉著亞蘭王哈薛一時後退的機會，爭論「到底誰才是真正的香柏樹？」

> 那時，亞瑪謝差遣使者去見耶戶的孫子約哈斯的兒子以色列王約阿施，說：「你來，我們二人相見於戰場。」以色列王約阿施差遣使者去見猶大王亞瑪謝說：「黎巴嫩的蒺藜差遣使者去見黎巴嫩的香柏樹，說：將你的女兒給我兒子為妻。後來黎巴嫩有一個野獸經過，把蒺藜踐踏了。」_列王紀下14：8-9

香柏樹的姿態雖然象徵榮華和富貴，但有時候也象徵驕傲和虛張聲勢。

當然，若像所羅門一樣有實際的權力、力量和國家財力為後盾，就算誇耀榮華富貴也不會成為什麼問題。但是南國猶大末期的君王無視國家逐漸走向滅亡和國庫見底的事實，只顧著互相競爭而熱衷於使用香柏樹來蓋房子。既然到了這種地步，香柏樹也

只能淪落為象徵驕傲和虛張聲勢的樹木。

●● 願彌賽亞的國度來臨

在聖經時代的以色列，有一種只在雨季才會潺流的間歇泉。住在這種地方的以色列人若要獲取生命的泉源——水，就得依賴雨水。

黎巴嫩不僅有豐富的雨雪，還有很多由香柏樹般巨大樹木形成的森林。在以色列百姓盼望著彌賽亞的日子來到，而吟唱的詩歌中，時常出現黎巴嫩的自然環境，正是因為這些原因。

> 曠野和乾旱之地必然歡喜；沙漠也必快樂；又像玫瑰開花，必開花繁盛，樂上加樂，而且歡呼。黎巴嫩的榮耀，並迦密與沙崙的華美，必賜給它。人必看見耶和華的榮耀，我們神的華美。_以賽亞書35：1-2
>
> 黎巴嫩的榮耀，就是松樹、杉樹、黃楊樹，都必一同歸你，為要修飾我聖所之地；我也要使我腳踏之處得榮耀。
>
> _以賽亞書60：13
>
> 我必向以色列如甘露；他必如百合花開放，如黎巴嫩的樹木扎根。他的枝條必延長；他的榮華如橄欖樹；他的香氣如黎巴嫩的香柏樹。曾住在他蔭下的必歸回，發旺如五穀，開花如葡萄樹。他的香氣如黎巴嫩的酒。_何西阿書14：5-7

為何浪子偏偏要拿豆莢來充饑？

窮人的糧食——豆莢

●● 為何浪子要拿豆莢來充飢？

「浪子回頭」是不信主的人也耳熟能詳的一個故事。從還活著的父親那裡領了應得的家業後，小兒子往遠方去，終於耗盡了所有財產。為了填飽肚子，他不得不去做猶太人最討厭的放豬工作。

他去的遠方肯定不是猶太人的村子，因為猶太人不可能在村子裡放豬。當時約旦河東邊是由希律安提帕統治的猶太人地區，北邊的低加坡里是外邦人居住的地區。所以小兒子去的遠方，也許就是外邦人居住的低加坡里十座大城的其中之一。

在那裡餵養豬時，使用的是價格最便宜且最有營養的飼料——豆莢。然而雪上加霜的是，那地又不幸發生饑荒，以致連食物也所剩無幾，所以小兒子不得不跟豬爭奪豬所吃的豆莢。

他恨不得拿豬所吃的豆莢充飢，也沒有人給他。_路加福音15：16

只要是熟知猶太人文化的人，很容易就能從豬和豆莢聯想到小兒子的悲慘情況。

窮人的植物——豆莢

豆莢屬於豆類，是以色列窮人到了真的沒有東西可吃的地步時才會吃的糧食。他們一般都會把豆莢放進開水裡煮成粥來吃，裡面含有人所需要的多種不同的營養物質。

在北國以色列的約蘭王時代，亞蘭的便·哈達王曾進攻過以色列、圍困撒馬利亞城。城被圍困數年，城內不僅糧食短缺，甚至造成低價食物高價賣出的通貨膨脹。

列王紀作者在描述當時情景時，特別提到兩種食物，就是驢頭和鴿子糞。

於是撒馬利亞被圍困，有饑荒，甚至一個驢頭值銀八十舍客勒，二升鴿子糞值銀五舍客勒。_ 列王紀下6：25

這兩種食物在平時不會被拿來充飢。驢頭吃起來令人反胃，而鴿子糞就是屬豆類的豆莢。自聖經時代開始，在以色列最窮困時拿來充飢的食物就是豆莢。

小兒子窮到連豆莢都吃不起的地步，用現代的方式來形容，就是「在冬令春荒時，連人家可能吃到的樹根都沒得吃」。他怎麼會淪落到這種地步呢？甚至要跟猶太人最討厭的動物——豬展開豆莢爭奪戰！

《米大示》中有一段關於猶太人對豆莢非常有趣的看法。

有些猶太人要遇到苦難，或是窮到只能拿豆莢來充飢時，才會在神面前悔改。

豆荚

也許在人「吃得飽、睡得好」的時候，絕不悔改，就是人的本性。

●●若不順從必被刀劍吞滅？

神曉諭以賽亞順服者和不順服者該得的糧食。順服者可以吃到迦南地上的美物，悖逆者卻必被刀劍吞滅。

> 你們若甘心聽從，必吃地上的美物，若不聽從，反倒悖逆，必被刀劍吞滅。這是耶和華親口說的。_以賽亞書1：19-20

在此「被刀劍吞滅」的含義，到底是什麼意思呢？難道是被廚刀一口吞掉嗎？這節經文是在呈現順服者和不順服者的對比，因此在下一節中，理當提起他們可以吃或不可吃的美物才對。但是怎麼突然提起吞刀劍的事呢？這太讓人難以理解了。

豆莢的希伯來文是「charub」，而經文中刀劍的希伯來文是「ברח」(chereb)。猶太人非常喜歡使用沒有母音的希伯來文來玩猜字遊戲，由於豆莢和刀劍的子音相同，因此可互相替換來玩猜字遊戲。

這句話也是猶太人較容易懂的猶太人語言表達方式。不順服者必被刀劍吞滅，換言之，就是必會吃到豆莢的意思，因為豆莢是最窮困時才會吃的糧食。同時，猶太人也說豆莢的樣子長得很像刀把。

鑽石的克拉

　　以色列的所有成年男子，每年都要繳納半舍客勒的聖殿稅。

　　凡過去歸那些被數之人的，每人要按聖所的平，拿銀子半舍客勒；這半舍客勒是奉給耶和華的禮物（一舍客勒是二十季拉）。 _ 出埃及記30：13

　　一舍客勒的重量是二十季拉，而一般認為一季拉的重量是0.571公克或0.6公克，但是根據一些文獻資料，一季拉的重量是0.2公克。這個重量是來自豆莢內種子的重量，而且季拉與鑽石的重量單位「克拉」相等。由此可知，原來最珍貴的鑽石重量單位，其實是來自象徵極窮困的豆莢！這真是太不可思議了。

●● 施洗約翰有吃過蝗蟲？

約翰穿駱駝毛的衣服，腰束皮帶，吃的是蝗蟲、野蜜。

_ 馬可福音1：6

我記得有一位牧師在講道時提到施洗約翰所吃的食物，講過一段有趣的話。

「他在曠野中獨自把對身體有益的好東西全吃光了！」

施洗約翰自出生就是拿細耳人，而同樣身為拿細耳人，最後卻遭到悲慘結果的參孫，生前是在富裕的西邊沿海平原活動，反觀施洗約翰主要活動的地區是環境惡劣的東邊猶太曠野。聖經說，他住在猶太曠野時，吃的是蝗蟲和野蜜，所以我們也許會覺得他為了解決一天三餐的問題，到處去抓蝗蟲。可是他真的有抓過蝗蟲來吃嗎？

施洗約翰的食物──蝗蟲和野蜜，不能用我們現代的思考方式來理解。

猶太曠野中沒有蝗蟲！

我在以色列生活已經快九年了，可是我無數次經過猶太曠野，未曾見過足夠讓施洗約翰當作糧食來食用的蝗蟲，這是因為猶太曠野草木不足的緣故。雨季期間會一時長出綠油油的小草，但在旱季的六個月期間就會完全乾枯，導致猶太曠野幾乎只剩下石頭。因此在這種環境下，就算是天下無敵的蝗蟲也很難生存下來。

施洗約翰是撒迦利亞和伊利莎白因著神特別的恩典，在晚年得到的兒子。他自出生開始就被揀選為拿細耳人，透過在猶太曠野居住，主張禁慾主義的愛色尼派的文件可知，施洗約翰早年失去父母後，加入耶利哥的愛色尼派而長大的可能性很高。

施洗約翰的事奉和愛色尼派的儀式規定相當類似。愛色尼派主張獨身，他們為了維持宗派，會領養像施洗約翰一樣的祭司長家族的孤兒，把他撫養長大，成為屬於自己宗派的人。施洗約翰也是一生獨身。那麼，對一個獨身者來說，蝗蟲能成為他中意的食物嗎？

那名說施洗約翰在曠野把好東西全都吃光的牧師，一定知道蝗蟲是很好的保健食品。

一般來說，獨身修道的和尚絕對不會吃蒜頭，因為雖然蒜頭是養生的好食品，但也會妨礙修道生活。蝗蟲亦是如此，對獨居在猶太曠野，向百姓傳講悔改的信息，並為他們施洗的約翰來說，蝗蟲也是不太適合食用的食物。

原來蝗蟲就是豆莢

豆莢對猶太人來說，是跟蝗蟲一樣的東西。因為它們長得非常相似，所以猶太人自然而然會認為施洗約翰吃的蝗蟲就是豆莢。但是對不明白這種文化的基督徒來說，卻會認為施洗約翰實際吃的就是蝗蟲。

施洗約翰的出生地是耶路撒冷西邊的艾·凱倫，那裡是出產很多豆莢的地方，特別是以耶路撒冷為中心的猶大山地，是出產最多豆莢的地方。因此約翰是把數月或數年所需的曬乾豆莢帶到猶太曠野中，再慢慢食用的。其實在二世紀初，羅馬的懸賞通緝犯西蒙拉比(Shimon bar Yochai)，就是在猶大曠野以豆莢維生，從而逃過羅馬政府的數年搜索。

豆莢對施洗約翰來說就是勤儉和清貧的象徵

豆莢對浪子來說，雖是貧窮和窮困的象徵，但是對施洗約翰來說，卻是勤儉和清貧的象徵。

約翰在猶太曠野的荒涼之地，傳講天國近了及悔改的洗禮。因此很多人尋找到曠野來，大排長龍，想接受約翰的洗禮。其中有稅史，也有羅馬兵丁，以及各界各層的人士。

如此眾多的人，為何要這麼瘋狂地跑到毫無吸引力的曠野來找施洗約翰呢？他們又為何認為約翰就是「那位即將要來的彌賽亞」呢？我們可以從他吃豆莢的勤儉和清貧生活中，找到這個問題的答案。施洗約翰身為神的僕人，過著清貧的生活，其本身就是一個強而有力的信息。他與那些穿著好衣裳在耶路撒冷聖殿服事的祭司與宗教領袖完全不同，並且擁有一種屬靈的魅力。因此我覺得今天我們迫切需要的，也是像施洗約翰一樣可以過儉樸的生活，而在曠野中呼喊的事奉者！

> 約翰所差來的人既走了，耶穌就對眾人講論約翰說：「你們從前出去到曠野，是要看甚麼呢？要看風吹動的蘆葦嗎？你們出去，到底是要看甚麼？要看穿細軟衣服的人嗎？那穿華麗衣服、宴樂度日的人是在王宮裏。」
>
> _路加福音7：24－25

●● 雅各向埃及法老獻上的迦南貢品

當約瑟作埃及宰相時，埃及和迦南全地曾遇到七年之久的嚴重饑荒。但是藉著約瑟的解夢，埃及法老得以事先知道這件事，便任命約瑟為宰相，交代他要好好預備應對那七年的饑荒。

雅各在糧食不足時，曾經盡全力預備迦南貢品，託付兒子送往埃及。

> 他們的父親以色列說：「若必須如此，你們就當這樣行：可以將這地土產中最好的乳香、蜂蜜、香料、沒藥、榧子、杏仁都取一點，收在器具裏，帶下去送給那人作禮物。」
>
> _ 創世記43：11

榧子是指開心果、杏仁是指扁桃。那麼，在這些貢品之中出現的蜂蜜又是什麼？是今天我們常見的蜂蜜嗎？

由於當時埃及的野生蜂蜜非常普遍，根本就沒有把蜂蜜當作貢品的理由。大部分的以色列學者都把雅各獻上的蜂蜜解釋為「豆莢」，這是因為豆莢是以色列地區才有的特產。

目前在以色列，也只有在健康食品專區才能買到用豆莢製作的蜂蜜。以色列人對健康食品也非常關心，而豆莢蜂蜜就是以色列代表性的健康食品，特別是裡面含有豐富的可促進腸道蠕動的阿拉伯糖(arabinose)，對體弱氣虛的老年人非常有效。

才德的婦人是小臂粗壯的女人？

辛勞所結出麥穗的大麥和小麥

▓▓ 在穀場上行淫？

神命令何西阿再次用高價把向其他男人投懷送抱的歌篾贖回來。這是神要藉著何西阿讓我們看到，神為了總是離棄祂的以色列，感到多麼難過。所以神藉著何西阿的口說：

以色列啊，不要像外邦人歡喜快樂；因為你行邪淫離棄你的神，在各穀場上如妓女喜愛賞賜。_何西阿書9：1

何西阿用「在穀場上行淫」來形容身為新娘的以色列，離棄了她的新郎——神。那麼，在穀場上如妓女喜愛賞賜，到底是什麼意思呢？

耶利哥的妓女喇合與一般的妓女不同

過去在曠野事奉耶和華神的以色列人，在進入迦南開始過農耕生活後，就開始膜拜迦南原住民的偶像，而逐漸陷入拜偶像的罪裡。也許他們認為耶和華只是曠野的神，在新時代、新文化中，應該要事奉新的神才對。亞哈王時代的北國以色列盛行拜偶像，所以耶和華信仰只能算是有名無實罷了！反對這種流行的宗教、大膽地站到神這一邊的人，就是以利亞。

每到了四月的逾越節，以色列就會開始收割大麥。等七週過後，到了七七節，就會開始收割小麥。打穀場是把收割的穀物打穀或壓輾出穀粒的地方。當時的打穀場位在供奉巴力的神廟，人

打穀場

們在把一年收穫的農作物打穀之前，都會聚集在這裡，由巴力的祭司帶領進行宗教儀式。

迦南人信奉的神明很多，其中巴力是象徵繁殖的神明，掌管農地收穫和降雨等。迦南人認為在六個月不下雨的期間，巴力會與死神「莫特」戰爭，因此人們祈求巴力能在與莫特的戰爭中活著回來，並且相信只要巴力能活著回來，就會在十月左右為他們帶來新雨。

當時人們會在巴力神廟中，透過宗教儀式與廟妓進行性行為，甚至連耶利哥城聞名的妓女喇合，我們也應當把她看作是供奉巴力神的廟妓，而不能照著我們的想法，把她看作一般的妓女。

在祈求豐收的宗教活動中，供奉巴力和亞舍拉（巴力的三個配偶女神之一，另外兩個女神是亞娜特和亞斯她錄）的廟妓進行性行為，是源自於古代人把人類的性行為與萬物的豐收連結起來的思想。他們認為正如精子和卵子結合而誕生新生命一樣，種子與土地結合，也會結出豐收的果實。

聖經上記載亞哈王和約沙法王在出征亞蘭之前，在撒馬利亞城門前的空場上聽預言。在此提到的城門前的空場，指的就是打穀場。從這句話裡我們可以看到打穀場在宗教上的含義。

以色列王和猶大王約沙法在撒馬利亞城門前的空場上，各穿朝服，坐在位上，所有的先知都在他們面前說預言。

_ 列王紀上22：10

穀物之神──大袞

　　大袞在赫（西臺帝國）本來是穀物和月亮的神，後來在以色列變成了穀物之神。它的上半身是人，下半身是魚。因此學者推測大袞的名字由來，與含有魚之意的希伯來文「דג」(dag)一字有關。

　　非利士人很早就從赫族習得鐵器文明，並吸取高先進文明。定居在以色列地以後，仍然敬拜赫族的大袞神。由於他們定居的非利士平原是以色列最大的穀倉地帶，所以穀物之神大袞才得以成為非利士的主要神明。

非利士人的首領聚集，要給他們的神大袞獻大祭，並且歡樂，因為他們說：「我們的神將我們的仇敵參孫交在我們手中了。」─士師記16：23

非利士人將神的約櫃抬進大袞廟，放在大袞的旁邊。

─撒母耳記上5：2

　　換言之，就是以色列人供奉巴力，在巴力神廟的打穀場上，歡喜地行神憎惡的邪淫之事。

從巴力的神廟轉變為耶和華的聖殿

所羅門就在耶路撒冷、耶和華向他父大衛顯現的摩利亞山
上，就是耶布斯人阿珥楠的禾場上、大衛所指定的地方預備
好了，開工建造耶和華的殿。＿歷代志下3：1

歷代志的作者記載，所羅門時代建造耶和華聖殿的位置就在耶
布斯人阿珥楠的禾場上。在大衛執政的末期，曾進行人口調查，並
因此而遭遇瘟疫。當時就是在這裡獻上燔祭，向神祈求停止災殃。

聖經學者推測，耶布斯城的城主就是阿珥楠，後來耶布斯被
大衛征服後，取名為大衛之城。隨著在以色列中心的耶布斯城變
為大衛之城──耶路撒冷之後，那裡的穀場就此成為事奉耶和華的
所羅門聖殿，這可算是在供奉豐收之神巴力的迦南地上進行的一
項宗教改革。

●● 才德的婦人是小臂粗壯的女人？

我曾聽過某個教會成立名為「箴言三十一章」的團契。這是
由年過三十、超過適婚年齡的姊妹聚在一起，研讀箴言三十一
章，預備自己進入婚姻的團契。對於這件事，我雖然非常感同身
受，但同時也覺得很有趣。

據說現代的青年比較喜歡既性感、信仰又好的姊妹，但畢竟
大部分的基督徒會想「娶一位有才德的妻子」或是「成為一位有
才德的妻子」，並且以箴言三十一章作為參考。屬靈長輩時常對

要建立家庭的青年提到的，也是箴言三十一章的話語。但是所謂「才德的婦人」到底是怎樣的妻子呢？是老實端莊的姊妹嗎？還是雖然美麗瘦小，卻滿有智慧的妻子呢？

> 未到黎明她就起來，把食物分給家中的人，將當做的工分派婢女。 _箴言31：15

被翻譯成「才德的婦人」的希伯來原文是「אשת חיל」(eshet chail)，意思是「結實的女人」，但是不知為何這個意味著「結實」或「健康」的單字會被翻譯成「才德」，也許只有翻譯的當事者才最清楚。

箴言三十一章中所說的才德的婦人，很可能因為推磨而鍛鍊出粗壯的膀臂，比較接近「H」型身材，而不是「S」型身材。這種女人看起來更像天下無敵的女超人或是女強人，可以同時勝任男人也無法勝任的很多工作。所以她們絕對沒有時間到健身房去運動，也根本不會考慮動雙眼皮手術。

應許之地迦南的七大農作物之中，最具代表性的農作物就是小麥和大麥。在沒有磨坊的聖經時代，獲得麵粉的惟一方法，就是使用家家戶戶都有的磨石。因此在聖經時代以磨石做抵押，就如同殺人一樣。

> 不可拿人的全盤磨石或是上磨石作當頭，因為這是拿人的命作當頭。 _申命記24：6

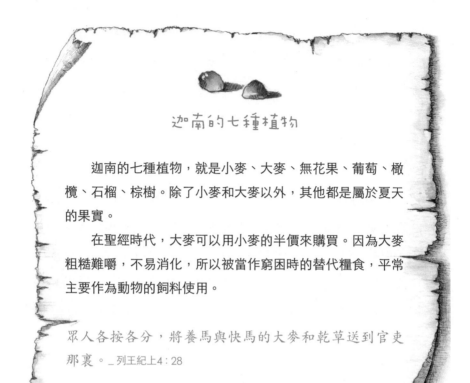

迦南的七種植物

迦南的七種植物，就是小麥、大麥、無花果、葡萄、橄欖、石榴、棕樹。除了小麥和大麥以外，其他都是屬於夏天的果實。

在聖經時代，大麥可以用小麥的半價來購買。因為大麥粗糙難嚼，不易消化，所以被當作窮困時的替代糧食，平常主要作為動物的飼料使用。

眾人各按各分，將養馬與快馬的大麥和乾草送到官吏那裏。＿列王紀上4：28

以驢推磨的磨石，一小時可磨碎 8 公斤的小麥；相對地，在家裡以手來推磨的磨石，一小時只能磨碎 800 公克的小麥。當時一人一天吃的麥量是 500 公克，所以若是六口以上的家庭，婦女一天就要推四小時以上的磨石。因此才德的婦人必須在全家仍然熟睡的黎明時分，起來為家人預備飯食。因此，我確信聖經時代一天最少推磨四小時以上的女人，一定會鍛煉出粗壯的膀臂。

我又要使歡喜和快樂的聲音，新郎和新婦的聲音，推磨的聲音和燈的亮光，從他們中間止息。_耶利米書25：10

彈琴、作樂、吹笛、吹號的聲音，在你中間決不能再聽見；各行手藝人在你們中間決不能再遇見；推磨的聲音在你中間決不能再聽見。_啟示錄18：22

在聖經時代的以色列村莊裡，推磨的聲音一定會連續不斷。在村莊裡能聽到推磨聲，表示「村莊安定又興旺」。相反地，如果日常聽不到推磨聲，就意味著失去了「平常享有的平安和幸福」。所以才德的婦人雖然每天都要做四小時以上的推磨工作，或許會感到辛苦，但是心裡卻相信神的計畫和應許，每天都能過著充實的生活。

●● 所有辛勞的結晶 ── 一塊麵包

我們的父母早年出生在農耕文化時代，因此深知農夫為了一粒米所付出的汗水和辛苦，平日教導我們絕不容許一粒米掉在地上被浪費。在聖經時代也是如此，當時的人為了得到一塊麵包，也要經過撒種、收割、推摩和烤成麵包的過程，因此對深知這些辛勞的以色列人而言，手中的一塊麵包就是一切辛勞的結晶。

你必汗流滿面才得糊口，直到你歸了土。因為你是從土而出的。你本是塵土，仍要歸於塵土。_創世記3：19

吃穀物的方法

當時一般穀物若未經研磨,在食用時會很難消化,但是在初春時長出來的穀物卻比較軟,能直接食用。

馬太福音裡提到在安息日經過麥地時,門徒掐起麥穗來吃的故事。

那時,耶穌在安息日從麥地經過。他的門徒餓了,就掐起麥穗來吃。_ 馬太福音12:1

在聖經時代對於未經研磨難以食用的穀物,通常會採取火烤的加工方式,因為只要用火烤過,穀物內的澱粉就會轉換成有甜味的糊精(dextrin),而變得好吃。

路得在波阿斯的麥田裡拾取落在地上的麥穗時,波阿斯用烘了的穗子來款待她,讓她吃飽。

到了吃飯的時候,波阿斯對路得說:「你到這裏來吃餅,將餅蘸在醋裏。」路得就在收割的人旁邊坐下;他們把烘了的穗子遞給她。她吃飽了,還有餘剩的。_ 路得記2:14

當以色列人在以拉谷跟迦特的歌利亞軍隊對陣時,耶西為了慰問戰場上的三個兒子,就叫最小的兒子大衛把烘了的穗子交給他們。

一日，耶西對他兒子大衛說：「你拿一伊法烘了的穗子和十個餅，速速地送到營裏去，交給你哥哥們。」_撒母耳記上17：17

基列的羅基琳人巴西萊帶著烘了的穗子和緊急糧食，來尋找為了躲避押沙龍的叛亂，而逃到約旦河東邊瑪哈念的大衛和跟隨他的人。

帶著被、褥、盆、碗、瓦器、小麥、大麥、麥麵、炒穀、豆子、紅豆、炒豆。_撒母耳記下17：28

用人糞燒的不潔的大麥餅

那麼，到底要如何把穀物烤著吃呢？在木材珍貴的聖經時代以色列根本無法想像以木柴來取暖。當時主要是把曬乾的獸糞和榨取橄欖油剩餘的渣滓拿來當作燃料，所以烤餅時一般使用的燃料，也都是獸糞。

當時的人糞是不潔之物，要埋在離居住地較遠處（申命記23：12－14）。神對以西結先知說過，以色列人將會吃到用人糞烤出來的不潔大麥餅。

你吃這餅像吃大麥餅一樣，要用人糞在眾人眼前燒烤。耶和華說：「以色列人在我所趕他們到的各國中，也必這樣吃不潔淨的食物。」_以西結書4：12－13

用炭火燒的潔淨之餅

面對滿心失望的以利亞，神賜給他用炭火燒的餅。那塊餅是用羅騰樹的炭火燒的餅。復活的耶穌也曾在加利利，用炭火燒的餅為門徒準備早餐。

> 他就躺在羅騰樹下，睡著了。有一個天使拍他，說：「起來吃吧！」他觀看，見頭旁有一瓶水與炭火燒的餅，他就吃了喝了，仍然躺下。_ 列王紀上19：5-6
>
> 他們上了岸，就看見那裏有炭火，上面有魚，又有餅。_ 約翰福音21：9

祈求賜給我們日用的飲食之意

> 我們日用的飲食，今日賜給我們。_ 馬太福音6：11

因為聖經時代的猶太人都會當天研磨當天要吃的小麥，所以小麥對他們來說，就是他們日用的飲食。主禱文中提到祈求神賜給我們日用的飲食，對只花一百元就足夠解決一餐的現代人來說，也許聽起來不像很莊嚴的禱告，但是這個禱告並非單純的只祈求三餐。

在聖經時代，為了製作當天要吃的餅，必須每天推磨，因此能得到日用的飲食，有其特別的含義。他們祈求日用的飲食，是在懇求「日常的平安、幸福和安定」，而且也是祈求「身體健康和得著力量」，讓他們能夠推磨得糧的禱告。

猶太人的麵包——皮塔餅

✚ 五餅二魚的神蹟和皮塔餅

一般觀光客來到以色列，對猶太人生活印象最深刻的地方有兩個。一個是戴在猶太人頭上的圓形小帽「基帕(kippah)」；另外一個就是猶太人平常愛吃的麵包——皮塔餅。由於這兩樣東西的形狀都是圓形，所以才會感到特別親切。

猶太人吃的皮塔餅裡面是空的，可以放進各種自己喜歡的蔬菜沙拉或果醬。在皮塔餅的配料當中，猶太人特別喜好鷹嘴豆泥，另外他們也會以鷹嘴豆泥加香料和麵粉，搓成球狀油炸成「炸豆丸（falafel）」，放入皮塔餅做成傳統三民治食用。

圓形的皮塔餅是猶太人從聖經時代就開始吃的餅。在五餅二魚的神蹟中出現的那五個餅，就是皮塔餅。今天我們吃的雖然是用小麥做的餅，但是五餅二魚神蹟中的餅卻是大麥餅。因為耶穌行神蹟的當時是逾越節時分，而逾越節正好是收割大麥的季節。

在這裏有一個孩童，帶著五個大麥餅、兩條魚，只是分給這許多人還算什麼呢？_約翰福音6：9

✚ 猶太曠野的石灰岩和皮塔餅

耶穌在開始事奉生涯之前，在猶太曠野禁食了四十天，受到撒但的試探。撒但來到禁食四十天的耶穌面前試探祂，要祂把石頭變成食物。

猶太曠野有很多由石灰岩形成的石頭，這些石頭與皮塔餅的顏色非常相似。如果人餓了兩三天，很有可能會把曠野中圓圓的石灰岩看成皮塔餅。所以對禁食四十天的耶穌來說，一定是非常難以忍受的一種誘惑。

當時，耶穌被聖靈引到曠野，受魔鬼的試探。他禁食四十晝夜，後來就餓了。那試探人的近前來，對他說：「你若是神的兒子，可以吩咐這些石頭變成食物。」
_ 馬太福音4：1-3

為何所羅門要到核桃園
去見他所愛的女人？

象徵愛與和諧的核桃

雅歌的作者為何要到核桃園去見他所愛的書拉密女呢？

我下入核桃園，要看谷中青綠的植物，要看葡萄發芽沒有，
石榴開花沒有。＿雅歌6:11

由於核桃的外型與人腦相似，因此古人認為可以「以形補
形」，便說「吃核桃對頭腦好」。但是對猶太人來說，核桃所象徵
的意義截然不同。

核桃的希伯來文為「אֱגוֹז מֶלֶךְ」(egoz-melek)。「אֱגוֹז」(egoz) 是指花生或
松子等的堅果類；「מֶלֶךְ」(melek) 則指君王。換言之，核桃是獻給君
王的貢品。

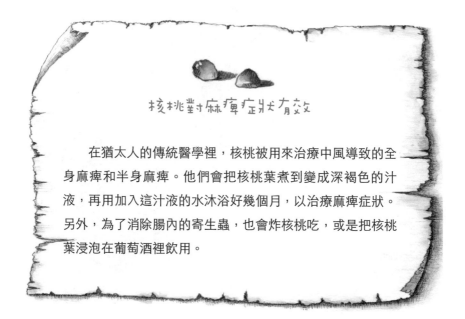

核桃對麻痺症狀有效

在猶太人的傳統醫學裡，核桃被用來治療中風導致的全
身麻痺和半身麻痺。他們會把核桃葉煮到變成深褐色的汁
液，再用加入這汁液的水沐浴好幾個月，以治療麻痺症狀。
另外，為了消除腸內的寄生蟲，也會炸核桃吃，或是把核桃
葉浸泡在葡萄酒裡飲用。

核桃樹和果子

由於核桃堅硬的外殼和殼內結實糾纏在一起的核果，使猶太人認為核桃是象徵婚姻生活和諧的果子。因此，核桃果實就象徵男女之間的愛，特別是夫妻之間如膠似漆的結合與和睦。基於這種理由，才會產生在聖經時代猶太人的婚禮上，在新娘入場時，把核桃扔在新娘身上表示祝福的風俗。

CHAPTER

為何利亞和拉結因風茄而爭吵？

象徵愛的風茄

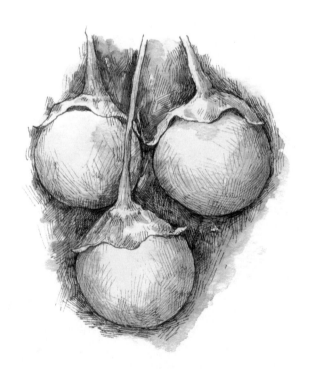

雅各的長子呂便把風茄當作禮物，送給沒有得到父親寵愛的母親——利亞。因為這個緣故，拉結便和利亞展開風茄爭奪戰，結果拉結向利亞買下風茄，代價就是允許利亞跟她的丈夫雅各同寢。

> 割麥子的時候，呂便往田裏去，尋見風茄，拿來給他母親利亞。拉結對利亞說：「請你把你兒子的風茄給我些。」利亞說：「你奪了我的丈夫還算小事嗎？你又要奪我兒子的風茄嗎？」拉結說：「為你兒子的風茄，今夜他可以與你同寢。」到了晚上，雅各從田裏回來，利亞出來迎接他，說：「你要與我同寢，因為我實在用我兒子的風茄把你雇下了。」那一夜，雅各就與她同寢。＿創世記30：14-16

風茄自古以來就被當作催情劑和治療女性不孕的藥劑。由於風茄的根長得很像人的形狀，猶太人始終認為它具有神祕的魔力。

風茄的希伯來文為「מיאדוד」(dudaim)。關於這個字的意思有很多爭議，有人認為它和字義是「愛」(love)的「dodim」有關，或認為和字義為「二」(two)的「do」有關，也有人認為與字義為「情人」(lover)的「daim」有關。總之，這些見解都與男女之間的愛情有關，由此可見風茄在催情方面的名聲。

風茄在初夏會結出黃色的果子，而且果子帶有強烈的香味，可隨風傳到很遠的地方。

把利亞眼睛醫好的風茄

對猶太人來說，風茄還是醫治眼病的良藥。利百加和拉班是兄妹關係，兩人分別生了兩個兒子和兩個女兒。利百加生以掃和雅各，拉班生利亞和拉結。根據猶太人的傳統，利百加和拉班本來應該讓頭胎和頭胎、第二胎和第二胎結為夫妻才對。據說利亞得知這件事後，因為怕嫁給以掃，而每天都在哭泣。難道利亞的視力是因此而變弱的嗎？

利亞的眼睛沒有神氣（weak eyes），拉結卻生得美貌俊秀。_創世記29：17

風茄放香，在我們的門內有各樣新陳佳美的果子；我的良人，這都是我為你存留的。_雅歌7：13

對於風茄醫治不孕女性的藥效，拉比各有不同的說法。

亞伯拉罕・伊本・埃茲拉(Abraham Ibn Ezra)主張風茄是性質非常冷的一種藥，因此對不孕的女性反而是有害的，即風茄對不孕有療效的說法，其實是一種不切實際的說法。非常有趣的是，這種說法與中醫的說法很類似，因為中醫一般治療不孕症的藥劑，幾乎

都是讓子宮保暖的藥。

雅各‧寇麗(Jacob Kouli)主張單單把風茄的根當作藥材使用，即有助於不孕症的治療。最近希伯來大學附屬醫院的哈達薩醫學中心，在風茄的成分中發現微量的性激素，讓風茄總算保住了一點長久以來流傳下來的名聲。

然而，風茄的療效，當真那麼有效，值得拿來做交易嗎？雅各為了風茄的代價而與利亞同寢，並因此生了以薩迦。如此看來，好像是滿有效的。

為何當耶穌進耶路撒冷城時，
猶太人要拿著棕樹枝迎接祂呢？

arba minim 1 —— 棕樹

●● 為何以色列百姓要拿著棕樹枝來揮舞呢？

arba minim 是指住棚節四樣植物。當耶穌在最後的逾越節之前進耶路撒冷城時，許多人拿著棕樹枝前來熱烈歡迎。他們很可能是把在耶利哥象徵勝利和復活的棕樹枝折斷，拿來迎接從橄欖山的伯法其進耶路撒冷城的耶穌。

當時從加利利到耶路撒冷過節的人，不是經由撒馬利亞，而是繞過約旦河東邊，經由耶利哥進入耶路撒冷。而且在橄欖山上，還為前來過節的人準備很大的帳棚村。

就拿著棕樹枝出去迎接他，喊著說：和散那！奉主名來的以色列王是應當稱頌的！＿約翰福音12：13

樹枝的種類那麼多，以色列人為何偏偏要拿著棕樹枝來歡呼呢？

自古以來，棕樹就是代表以色列的植物。主前十五世紀時，以色列處於埃及的統治之下，埃及的圖特摩斯三世鎮壓了以米吉多為中心、在迦南地發動的叛亂後，便在卡納克神廟中把這件事畫成壁畫。在這幅壁畫中，就有迦南地的象徵——棕樹的果子。

在聖經時代的曠野中旅行時，若老遠看到棕樹，就表示附近會有綠洲。出埃及的以色列百姓經過曠野時，就會在綠洲旁邊的棕樹下安營。

他們到了以琳，在那裏有十二股水泉，七十棵棕樹；他們就在那裏的水邊安營。_出埃及記15：27

以色列百姓經過瑪拉的苦水事件後，到達以琳，在那裡看到十二股水泉和七十棵棕樹。所以猶太人才會在住棚節拿著棕樹枝揮舞，回想四十年以來的曠野生活。

那麼，以色列百姓拿著棕樹枝揮舞的這件事，難道單純只是因為棕樹是代表迦南地的植物，才這樣的嗎？

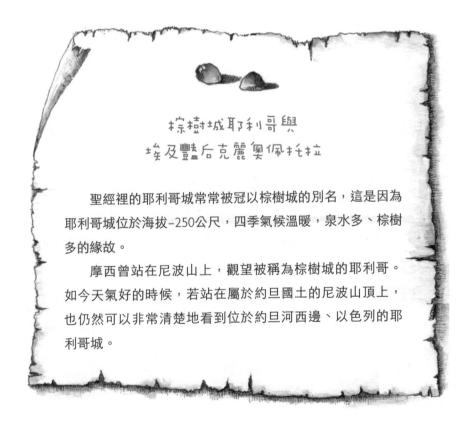

棕樹城耶利哥與埃及豔后克麗奧佩托拉

聖經裡的耶利哥城常常被冠以棕樹城的別名，這是因為耶利哥城位於海拔-250公尺，四季氣候溫暖，泉水多、棕樹多的緣故。

摩西曾站在尼波山上，觀望被稱為棕樹城的耶利哥。如今天氣好的時候，若站在屬於約旦國土的尼波山頂上，也仍然可以非常清楚地看到位於約旦河西邊、以色列的耶利哥城。

南地和棕樹城耶利哥的平原，直到瑣珥，都指給他看。_ 申命記34：3

在士師時代，摩押王伊磯倫曾越過國境來佔領屬於便雅憫支派的耶利哥，但是神卻興起左撇子的士師以笏來擊退他們。

伊磯倫招聚亞捫人和亞瑪力人，去攻打以色列人，佔據棕樹城。_ 士師記3：13

在羅馬時代，耶利哥的棕樹農莊是屬於克麗奧佩托拉所有。安東尼因政治考量而與屋大維的姊姊屋大維婭結婚，又再把雷必達引來，於羅馬展開第二次的三頭政治（troika）。

但是安東尼愛上埃及豔后克麗奧佩托拉之後，就跟屋大維婭離婚，而與克麗奧佩托拉結婚。後來，他把耶利哥的農莊當作禮物送給克麗奧佩托拉。克麗奧佩托拉就是被羅馬任命為猶太人之王——希律王的最大敵人。

安東尼放棄權力而選擇愛情，最後只好跟屋大維展開正面決戰。兩人在亞克興角戰役（主前31年）決戰的結果，屋大維勝利，隨後克麗奧佩托拉自盡，埃及終於納入羅馬帝國手中，而得勝的屋大維就把耶利哥城讓給了希律。

希律就是在此結束他坎坷的一生。

不死鳥棕樹

棕樹的學名是「Phoenix dactylifera」，有趣的是它的名稱中包含字義為不死鳥的「Phoenix」。棕樹在砍伐後，即便用火焚燒剩下的樹樁，樹樁仍然可以發芽長大，所以確實配得上能夠浴火重生的不死鳥之美名。

由於棕樹的這種特性，棕樹對猶太人來說，就是代表勝利和復活的象徵，後來棕樹竟成為代表受到羅馬逼迫，而反抗羅馬的猶太人民族主義之樹。

當時以色列人受到羅馬指派為王的希律家族統治，簡直就像被火燃燒的棕樹樁。但是看到耶穌醫治病人的神蹟後，他們確信耶穌就是要把他們從世界最強國──羅馬的壓迫中拯救出來的彌賽亞，因而在拿撒勒人耶穌身上看到了希望的光芒。

無數的民眾揮舞著棕樹枝，把他們的外袍鋪在耶穌面前，這是表示他們期待耶穌崛起，並願意跟隨祂到底的一種無言表現。

棕樹與硬幣

主後六十六年，猶太人反抗羅馬帝國而起義。這場叛亂一直到舉世聞名的馬撒大抗戰結束為止，幾乎持續了七年之久。所以世界最強的羅馬帝國，因早期沒有鎮壓猶太國的叛亂，不僅失去自尊，也丟盡了面子。

為了記念猶太國獨立而製作的硬幣

為了記念鎮壓猶太國叛亂而製作的硬幣

在主後六十八至七十年間，自猶太的奮銳黨趕走羅馬的守備軍而佔據耶路撒冷以來，奮銳黨每年都會製造硬幣。刻印在記念猶太國獨立硬幣上的圖樣，就是棕樹。

主後七十年，羅馬將軍提多破壞了耶路撒冷聖殿。羅馬為了記念鎮壓棘手的猶太國叛亂，也製造過硬幣，其上刻印的就是羅馬軍與象徵猶太國的棕樹，以及背對棕樹跪在樹前面的猶太女子。在硬幣下方，還刻著很大的字。

「Judea Capta！」（猶太被征服了。）

如此，棕樹在以色列淪落為羅馬殖民地的當時，不僅象徵勝利和復活，還為猶太人種下民族主義的思想。

猶太歷史學家，約瑟夫(Flavius Josephus)記載奮銳黨奮戰到底而全部自盡的馬撒大堡壘裡，存滿了希律王在百年前儲存下來的棕樹乾果。

●● 何謂流奶與蜜之地？

即使在不認識神的作者作品中，也時常把「流奶與蜜之地」拿來當作樂園的象徵。「流奶與蜜之地」在聖經中出現二十次，它的含義到底是什麼？難道是迦南地遍地都充滿了綿羊和山羊所流的奶與蜂蜜嗎？

在聖經中所說的蜜，很少是指真正的蜂蜜。惟有在參孫的故事和約拿單的故事，以及在箴言中帶有警告之意的蜜，才是指真

正的蜂蜜。

> 過了些日子，再下去要娶那女子，轉向道旁要看死獅，見有
> 一群蜂子和蜜在死獅之內。_ 士師記14：8
>
> 約拿單沒有聽見他父親叫百姓起誓，所以伸手中的杖，用杖
> 頭蘸在蜂房裡，轉手送入口內，眼睛就明亮了。
>
> _ 撒母耳記上 14：27
>
> 你得了蜜嗎？只可吃夠而已，恐怕你過飽就嘔吐出來。
>
> _ 箴言25：16

申命記是摩西在約旦河東邊的摩押平原，把以色列百姓招聚
在一起，對他們最後一次傳講的告別講道集。這算是以色列百姓
在進入約旦河西邊的迦南地、正式展開征服戰爭之前，預先所作
的培訓。

> 因為耶和華——你神領你進入美地，那地有河，有泉，有源，
> 從山谷中流出水來。那地有小麥、大麥、葡萄樹、無花果
> 樹、石榴樹、橄欖樹，和蜜。_申命記8：7-8

在這一節經文中出現了代表迦南美地的一些植物。

對於列在最後的蜜，猶太人有跟我們完全不同的解釋。在我
們看來，蜜不像是植物，但是在猶太人看來，蜜就是用棕樹的果
子椰棗做出來的農產品。

猶太人的小圓帽

　　有一種方法可以把難以死亡的棕樹給弄死，這個方法意外地非常簡單，就是把棕樹正中央筆直向上空伸展的樹梢折斷即可。扮演生長點的這個枝子，叫做「kippah tmarim」（基帕添馬艦）。此處被折斷的樹木，便會乾枯而死。「tmarim」是棕樹的希伯來文；「kippah」則表示最高之意。

提到猶太人時，絕不會漏掉的話題，就是戴在他們頭上的小帽子 ──「kippah」。「kippah」這個字就是來自於棕樹這個單字，如同棕樹的樹梢受到打擊時會死一樣，人的這個部位（頭頂）受到打擊時，也同樣會死。猶太人在頭頂戴東西，意味著要順從由上面而來的權柄，所以頭上戴著「kippah」行走的猶太人，都算是承認天上的父而活在祂權柄之下的人。

　　巴伊蘭大學的拉比劉先生（Lau），對於猶太人要在頭上戴「kippah」的原因，作過這樣的說明：

戴上「kippah」就是告訴自己，要如同軍人一樣明白自己是屬於某個特定團體。當我們看到戴貝雷帽的軍人時，就知道他身負特定任務；同樣地，戴上「kippah」就是承認自己是屬於耶和華軍隊的一分子，並以特殊的方式表現出外在的身分。

椰棗用英文叫做「date」，而用椰棗熬出來的椰棗蜜，就叫做「date honey」。

猶太人自古就愛吃椰棗蜜，今天以色列的猶太人也會每天早上用椰棗蜜塗麵包來吃。聖經時代的猶太人把椰棗蜜簡稱為「蜜」，因此蜜這個字根據上下文的文脈，既可意味蜂蜜，亦可意味椰棗蜜。

在以色列人出埃及的途中出現過所謂「約巴他」的地方（民數記33：33）。這個地方位於沿著死海一直南下，直到以色列最南端的伊拉特港口的路上，如今這裡設有與以椰棗蜜聞名的基布茲（集體農莊）一同直營的休息所，因此成為觀光客不斷來訪的地方。而且我從旅行愛好者的口中，也時常聽到他們說，雖然他們

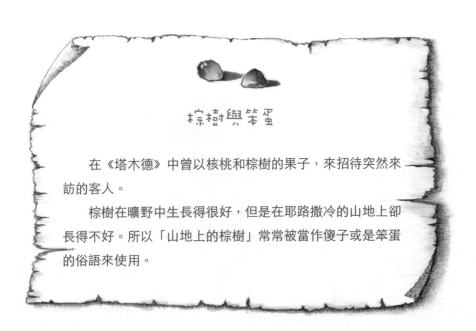

棕樹與笨蛋

在《塔木德》中曾以核桃和棕樹的果子，來招待突然來訪的客人。

棕樹在曠野中生長得很好，但是在耶路撒冷的山地上卻長得不好。所以「山地上的棕樹」常常被當作傻子或是笨蛋的俗語來使用。

遨遊世界、品嘗過很多椰棗蜜，但是其中最好吃的蜜，就是約巴他——基布茲的蜜。

在以色列旅行時，你會見到從伊拉特沿著死海北上，直到加利利的路上，於約旦河谷平原一路排列的棕樹農場。因為約旦河谷位於海拔-200～400公尺的低處，所以氣候整年都很暖和，而在這種氣候下生長的棕樹果子含糖量非常高。

有一次，我和前來以色列遊玩的朋友一起去耶利哥，在當地買了曬乾的棕樹果子來吃。後來朋友問我，這果子是原來就這麼甜，還是因為用蜜泡過才這麼甜。由此可知，以色列棕樹果子的甜度高到令人誤以為用蜜泡過。

「流奶與蜜之地」中的「奶」，是指綿羊和山羊可飽足的草場；「蜜」是指如椰棗蜜般甜、夏天結果實的果樹。因此，迦南地是指以「奶」來代表的畜牧業和以「蜜」來代表的農業，互相和諧的地方。

●● 象徵義人和多產的棕樹

象徵義人的棕樹

棕樹可以筆直向上生長，一直延長到30公尺左右，而且樹幹不是中空的，而是實心的；因為這種特色，它象徵了不偏離左右、可以坦然無懼來到神面前的義人。

從猶太文獻中的《密西拿》律法書可知，在猶太人的新年吹角節傍晚，都要吃棕樹的果子。這是出於猶太人希望他們的仇敵

全部消失，才會這麼做的。特別是夢見棕樹果子時，他們會認為這是自己的罪消失的信號。

> 義人要發旺如棕樹，生長如黎巴嫩的香柏樹。_ 詩篇92：12
>
> 你的身量好像棕樹；你的兩乳如同其上的果子，纍纍下垂。
>
> _ 雅歌7：7

象徵多產的棕樹

棕樹的希伯來文是「רמת」(tamar，她瑪)。在秋收時分的十月左右，棕樹上會纍纍結出眾多椰棗，對猶太人來說，這就象徵女人最大的祝福——多產。並且猶太人為女兒取名時，也會為了祈求她以後能多子多孫，給她取名為「她瑪」。

在聖經上出現的女人之中，也有名叫她瑪的女人，其中最著名的應該就是在創世記三十八章裡出現的猶大的兒媳，因為她是馬太福音一章裡出現在耶穌家譜中為數不多的女人之一。

> 猶大從她瑪氏生法勒斯和謝拉；法勒斯生希斯崙；希斯崙生亞蘭。_ 馬太福音1：3

在創世記裡出現公公猶大和兒媳她瑪近親相姦的記載，是相當令人震驚的故事。猶大跟迦南女人結婚以後，生了珥、俄南、示拉三個兒子，而跟大兒子珥結婚的女人，就是埃及出身的她瑪。

珥膝下無子卻早死，她瑪就成了寡婦。根據猶太人的婚姻

法，第二個兒子俄南可跟嫂子她瑪同房，但是俄南知道生子不歸自己，所以同房的時候，便遺在地。俄南所做的在耶和華眼中看為惡，所以耶和華叫他也死了。

猶大失去第二個兒子，心裡一定感到非常恐懼，甚至覺得「這個兒媳是否剋男人」也說不定。所以猶大就把她瑪送回娘家，讓她等老么示拉成年後再說。但是小叔示拉成年後，公公猶大卻還是毫無音訊，所以她瑪就偽裝成妓女來找公公猶大，因而生下雙胞胎法勒斯和謝拉。

在聖經裡還有一個她瑪，就是押沙龍的妹妹她瑪。

大衛的兒子押沙龍有一個美貌的妹子，名叫她瑪。大衛的兒子暗嫩愛她。_撒母耳記下13：1

她瑪的同父異母哥哥暗嫩雖然暗戀過她，但是強行玷辱她以後，愛戀的心卻轉為憎恨，由此顯明他的愛情只不過是情慾罷了。後來押沙龍知道這件事，希望父親大衛能親自出面來解決這件事，但是因大衛毫無回應，所以押沙龍就親手把暗嫩給殺了。因為此事，押沙龍逃到母親的家基述，在那裡住了三年。

押沙龍靠著約押的斡旋，終於回到大衛身邊，但是後來他在希伯崙發動叛亂，最後被殺。押沙龍有三個兒子和一個女兒，他的獨生女名字也叫做她瑪。

押沙龍生了三個兒子，一個女兒。女兒名叫她瑪，是個容貌俊美的女子。_撒母耳記下14：27

住棚節與 arba minim

棕樹是猶太人在住棚節搖的 arba minim（מינים עברא：四樣植物，即棕樹枝、柳枝、茂密樹的枝條、美好樹上的果子）其中一個植物。

十月的住棚節是猶太人三大節日中最大的節慶。這是結束一年的耕種、收穫莊稼的時期，和華人的傳統節日相比，其意義相當於中秋節。正如我們希望一年都像中秋時節就好了，猶太人在住棚節也會人人興致勃勃，在自由的氣氛下慶祝這個節日。聖經時代的猶太人在住棚節來臨之前，都會為了預備四樣植物而忙碌。

第一日要拿美好樹上的果子和棕樹上的枝子，與茂密樹的枝條並河旁的柳枝，在耶和華——你們的神面前歡樂七日。_利未記23：40

在聖經裡出現的她瑪有一個共同點，就是他們都是命運崎嶇坎坷的女子。而且，她瑪也是目前以色列女性名字中最常見的一個。現在回想一下我所遇見的她瑪，好像也都和聖經裡出現的那些女人一樣美麗。

從他腹中要流出活水的江河來！

arba minim 2 —— 柳樹

耶穌在節期的末日，在講道中提到「活水的江河」。耶穌邀請饑渴的人，在他們面前宣告，凡信祂的人，都會得到從腹中流出活水江河的祝福。

> 節期的末日，就是最大之日，耶穌站著高聲說：「人若渴了，可以到我這裏來喝。信我的人就如經上所說：『從他腹中要流出活水的江河來。』」_ 約翰福音7：37-38

然而，耶穌在節期的末日，為何要傳講「活水的江河」呢？而且，這裡所說的節期，是什麼節日？另外，這個節期與柳樹又有何關係？

住棚節與柳樹

聖經說耶穌傳講「活水的江河」時，其時間背景為「節期的末日」。這個節期，就是猶太人三大節日中的住棚節。

> 當時猶太人的住棚節近了。_ 約翰福音7：2

此處的住棚節，是指耶穌事奉生涯中的最後一個住棚節。當時耶穌的事奉僅剩下六個月的時間，而且耶穌知道猶太人將要殺祂。

耶穌婉拒了家人要跟隨他一起到耶路撒冷去守住棚節的請求，因為祂要以逾越節羔羊身分赴死，無法在住棚節公開露面。

豎立在住棚節祭壇西南方的柳樹枝

你們上去過節吧，我現在不上去過這節，因為我的時候還沒有滿。_ 約翰福音7：8

　　但後來耶穌卻暗地上耶路撒冷去，在住棚節連續一週的活動期間，耶穌只有在節期中間及最後一天在聖殿暫時露面。

　　住棚節活動的最高潮，就是把聖殿祭司院中祭壇西南方的柳樹枝豎立起來，每天拿著住棚節四種植物繞祭壇轉一圈。節期期間，猶太人每天都會在耶路撒冷以西的「莫扎」村溪水旁，折斷新的柳樹枝拿來重新豎立起來，因為柳樹枝只要被折斷，就會因為得不到維持生命的水分而立刻死掉，經過一天後，便會乾癟地枯萎。聖經上常常提到溪水旁的柳枝，就是因為這個理由。

第一日要拿美好樹上的果子和棕樹上的枝子，與茂密樹的枝條並河旁的柳枝，在耶和華——你們的神面前歡樂七日。

_ 利未記23：40

　　如此在六天的時間裡，每天把新的柳樹枝豎立起來以後，便會在住棚節的最後一日舉行特別活動。

和散那與柳樹

　　住棚節的最後一日，也會把新的柳樹枝豎立在祭壇的西南方，並以祭司長為首開始圍著祭壇繞圈。本來放置祭壇的聖殿祭司院是除了祭司長以外，任何人都不准進去的聖域，但是惟有這

一天會對所有以色列的朝聖者開放。而且，平時不能跨越聖殿
「女院」的婦女，在這一天也會例外開放給她們，甚至連小孩子
都可參加住棚節末日的活動。

雖然平常只會繞著祭壇轉一圈，但是住棚節的末日，卻會繞
著祭壇轉七圈。這時朝聖者一邊繞著祭壇，一邊懇切地獻上詩
篇的禱告。也就是說，以色列的百姓都會把因為沒有水分而逐
漸乾癟枯萎的柳樹枝放在一旁，向神呼求：「耶和華啊，求祢拯
救！」並獻上禱告。

耶和華啊，求你拯救！耶和華啊，求你使我們亨通！
_詩篇118：25

對曠野的以色列百姓來說，水就是生命，也象徵神的恩典。
如同沒有水就會死去的柳樹一樣，若是沒有神特別的恩典，以色
列人也會枯萎而死。因此他們才會如此呼求，獻上「求祢拯救」
的禱告。

「求祢拯救」的希伯來文是「אנ עישׁוה」(hoshiana)，中文發音就
是「和散那」。這就是蘊含我們耳熟能詳的讚美詩「和散那」之中
的故事。

在住棚節活動中所使用的柳樹有一個別名，就叫做和散那。
和散那是指因為沒有水而發出呼求的柳樹，同時也是懇求希望在
旱季結束後，進入住棚節的十月開始就能早日降雨的祈禱文。

耶穌在住棚節的末日，出現在聖殿的祭司院。當時猶太人雖

當作藥品使用的柳樹

　　根據現代研究發現，柳樹皮和葉子含有水楊苷，其化學成分與阿斯匹靈近似。然而，從前古人就會飲用浸泡柳葉樹皮的酒，來緩解疼痛和發熱。據說在聖經時代，也會使用煮過的柳葉水，來防止尿道、咽喉、牙齦和扁桃腺的感染。

　　另外，柳樹還被使用在形而上的民間療法上。據說把住棚節末日豎立在祭壇旁的柳樹枝焚燒，用它的煙來燻女人的生殖器，就能治療女性的生理不調。除此之外，還有一些記錄提到用柳樹來治療女人不孕，或飲用柳枝煮過的水後，喊一聲「和散那」再行房就會懷孕。然而這種現象已經遠超過醫學的水準，跨入信仰的領域了。

然在祈求神的恩典，卻沒有認出站在他們身邊的耶穌。這也太諷刺了！因為他們反而想殺死顯現神恩典的耶穌！

　　耶穌在住棚節的末日，向因為沒有水而渴死的柳樹，及呼求拯救而呼喊和散那的猶太人，大聲疾呼祂就是彌賽亞。

　　人若渴了，可以到我這裏來喝。信我的人就如經上所說：『從他腹中要流出活水的江河來。』＿約翰福音7：37－38

如果拿掉住棚節末日的時間背景及祭司院的空間背景，只引用聖經的話語來講道，到底結果會怎樣呢？應該就會像沒有紅豆的紅豆麵包，或是沒有鏡片的眼鏡一樣吧？

夢見茂密樹枝時要去買彩券？

arba minim 3 —— 茂密的樹枝(番石榴)故事

●● 不朽和永生的樹木

「茂密的樹枝」的希伯來文為「הדס」(hadass)，對猶太人來說，是象徵不朽和永生的樹木，在中文聖經中被翻譯為番石榴，但其正式名字應為香桃木。香桃木與被折斷後會馬上死掉的柳枝不同，即便枝子被折斷了，也還能存活兩天左右。就算死了，只要插到水裡，還是能再活過來，難怪可以被稱為象徵不朽和永生的樹木。

> 大流士第二年十一月，就是細罷特月二十四日，耶和華的話臨到易多的孫子、比利家的兒子先知撒迦利亞，說：「我夜間觀看，見一人騎著紅馬，站在窪地番石榴樹中間。在他身後又有紅馬、黃馬，和白馬。」_撒迦利亞書1：7-8

你有看到神的使者站在象徵不朽和永生的番石榴樹（香桃木）中間嗎？

●● 成功與富裕的象徵

在以色列，番石榴樹枝會拿來做成戴在新婦頭上的花冠。尤其因為其葉子特別茂密，而被翻譯成「茂密樹枝」，對猶太人來說，也象徵著成功。

在拜訪慶賀新開業的商店時，以「hadas」作為禮品，是猶太人的一種文化。當小孩夢見棺材時，大人就會說：「去買彩券，會發大財。」但是猶太人夢見「hadas」時，才會去買彩券。

據說猶太神密主義的分支卡巴拉主義者在參加每週安息日的儀式之前，都會先聞一聞「hadas」的味道。

●● 被當作聰明湯的材料

猶太人也像台灣人對教育具有與眾不同的積極性。在台灣甚至有為高三學生煎補腦液的中醫，雖然其藥效有待驗證，但是在中藥方上確實記載著不少健腦提高記憶力的藥材。

猶太人對子女的教育是舉世聞名的。被稱為「常春藤聯盟」的美國東部名門私立大學，30%以上的學生是猶太人，由此可見猶太人對子女教育的熱忱。

若讓猶太人來選擇聰明湯的材料，他們一定會先選擇「hadas」。在猶太人之間有一句話：「每週的安息日，若聞一下 hadas 的味道，就會生一個聰明的兒子。」住在迦密山和戈蘭高地的德魯茲人到現在還有與此類似的傳統，聽說他們還會把「hadas」的葉子粉撒在浴池裡，幫嬰兒洗澡，相信如此就能增強孩子的記憶力。

arba minim 4 —— 美好樹上的果子

「美好樹上的果子」的希伯來語叫做「אתרוג」(etrog)，即香櫞木。「etrog」是象徵多產的祝福之果，在聖經時代往往當作治療女性不孕的處方。

為何樵夫為了木柴犧牲自己的性命？

擁有奇異生命力的西羅非哈（刺山柑）

●● 被人用石頭打死的無名樵夫

> 以色列人在曠野的時候，遇見一個人在安息日撿柴。遇見他撿柴的人，就把他帶到摩西、亞倫並全會眾那裏，將他收在監內；因為當怎樣辦他，還沒有指明。耶和華吩咐摩西說：「總要把那人治死；全會眾要在營外用石頭把他打死。」於是全會眾將他帶到營外，用石頭打死他，是照耶和華吩咐摩西的。 _民數記15：32－36

聖經裡出現過一個在安息日撿柴，而被人用石頭打死的無名樵夫。若按我們所熟知的方式來解釋撿柴，是指背著擔子到山上砍柴，但是聖經上的意思卻是指「用木柴生火」。雖然在安息日「撿柴」不成問題，但「生火」卻是很嚴重的罪。因為神吩咐過在安息日不可生火，所以才會導致這人在營外被人用石頭打死。

> 當安息日，不可在你們一切的住處生火。 _出埃及記35：3

那麼，到底這個無名樵夫是誰呢？根據猶太拉比的猜測，他們覺得這個人很可能就是西羅非哈。

> 屬約瑟的兒子瑪拿西的各族，有瑪拿西的玄孫，瑪吉的曾孫，基列的孫子，希弗的兒子西羅非哈的女兒，名叫瑪拉、挪阿、曷拉、密迦、得撒。她們前來，站在會幕門口，在摩

西和祭司以利亞撒,並眾首領與全會眾面前,說:「我們的父親死在曠野。他不與可拉同黨聚集攻擊耶和華,是在自己罪中死的;他也沒有兒子。為甚麼因我們的父親沒有兒子就把他的名從他族中除掉呢?求你們在我們父親的弟兄中分給我們產業。」—民數記27:1-4

聖經記載西羅非哈的女兒沒有分得產業,她們向眾人說自己的父親沒有加入可拉的叛亂,而是因著自己的罪死在曠野。猶太拉比就是把這件事和在安息日撿柴而被處死的樵夫故事聯想在一起,因為可拉的叛亂是出現在民數記第十六章之後,但是在這之前,在曠野因著自己的罪而死的人,只有在第十五章裡出現的樵夫而已。

雨季最好的燒柴——西羅非哈

證實在民數記第十五章裡出現的無名樵夫就是第二十七章裡提到的西羅非哈的人,便是二世紀最著名的拉比阿齊瓦(akiva)。

雨季時,西羅非哈的葉子會全部掉光,露出藏在葉子之間的利刺。這種植物的希伯來文名字是「צלף」(紮拉普斯,tzalaf)。加上字面意思是「銳利」的希伯來文單字「חד」(哈德,chad),亦被稱為「紮拉普斯哈德(tzalaf-chad)」,而這句話在中文聖經上,就被翻譯成西羅非哈。

在以色列的雨季撿柴是一件不容易的事,而在這種情況下,最適合作為柴火使用的,就是西羅非哈。所以在安息日生火而被人用石頭打死的無名樵夫,也許是因為找到西羅非哈後太高興,

一時忘形而違背了安息日也說不定。

　　除了西羅非哈外，「紮拉普斯」在聖經裡還以其他人名出現。當尼希米擔任猶大的總督時，出現在修造城牆的建築師名單上的「薩拉」，就是「紮拉普斯，tzalaf」。

其次是示利米雅的兒子哈拿尼雅和薩拉的第六子哈嫩又修一段。其次是比利迦的兒子米書蘭對著自己的房屋修造。

_ 尼希米記3：30

拉比阿齊瓦與薛平貴、王寶釧

　　阿齊瓦在受到羅馬逼迫當時，他是猶太人精神上的領袖，也是當代最著名的拉比。

　　阿齊瓦因為貧窮，不得不在富人家裡從事牧羊的工作，也因為他沒有讀書的機會，所以不識字。後來他與富人家的女兒相愛，在沒有得到父母的允許下結了婚，後來被趕出家裡。阿齊瓦是在晚年依著妻子的願望才開始讀書，如此經過十三年的歲月，終於成為當代最著名的學者。

　　過去反對他們結婚的岳父，後來卻下跪來迎接這位女婿。因此換一個角度來看，由以色列版薛平貴與王寶釧故事的主角──阿齊瓦，來證實無名樵夫就是西羅非哈，也別有一番趣味。

▒▒ 西羅非哈驚人的生命力

在傳道書中，有一句話讓人感到一頭霧水，就是在提到衰敗的日子尚未來到時，突然出現「人所願的」。傳道書第十二章在提起日光之下凡事都是虛空後，突然話題轉向被造的萬物都將面臨衰敗的日子。

> 你趁著年幼、衰敗的日子尚未來到，就是你所說，我毫無喜樂的那些年日未曾臨近之先，當記念造你的主。_ 傳道書12:1
>
> 人怕高處，路上有驚慌，杏樹開花，蚱蜢成為重擔，人所願的也都廢掉；因為人歸他永遠的家，弔喪的在街上往來。
>
> _ 傳道書12:5

上述經文出現象徵猶太人文化的植物，那麼到底「人所願的」是指什麼呢？

貧窮人的緊急糧食

所謂的「人所願的」，就是指西羅非哈（zelophehad）的果子。聖經時代的以色列人大多是要擔心下一餐著落的佃農，如同我們的先人在荒年時挖草根來吃一樣；他們在春荒時期以豆莢為主食，而與豆莢一起作為應急糧食的食物，就是西羅非哈。

在旱季的六個月期間，西羅非哈天天都會開花。透過二十四小時的觀察可見，這種花以二十四小時為週期，反覆不斷地花開

綻放的西羅非亞花，與待開的花苞

花謝。西羅非哈的花蕾，用希伯來語叫做「ויסירפק」(caprisin)，果子叫做「הגויבא」(aviyona)。連佃農吃的糧食「人所願的」(aviyona)都不再結果子，可見在衰敗的日子臨到的災殃有多麼淒慘！

地球毀滅後仍可生存下來的植物——西羅非哈

西羅非哈不受環境限制，可以在以色列全地生長。所以不管在地中海沿岸的平原和中央山脈、約旦河谷，或是內蓋夫沙漠等任何地方，都可見到西羅非哈。甚至在耶路撒冷的「哭牆」上，都可以鑽出來生長。而且即使把它燒成灰，在灰中仍然能保持驚人的生命力。

《塔木德》中有一段關於西羅非哈的有趣比喻，書中說：就算地球毀滅，到最後還是有三種被造物可生存下來，就是動物中的山羊、植物中的西羅非哈，和萬國列邦中的以色列。

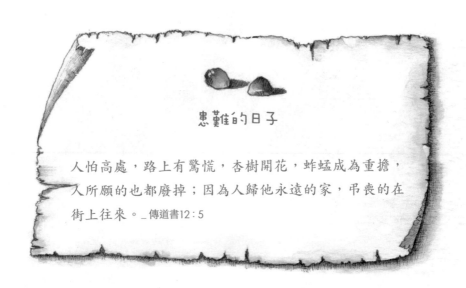

患難的日子

人怕高處，路上有驚慌，杏樹開花，蚱蜢成為重擔，人所願的也都廢掉；因為人歸他永遠的家，弔喪的在街上往來。—傳道書12：5

這節經文的詳細解讀如下：

+ 人怕高處：當記念且敬畏在高處的創造主神。

+ 路上有驚慌：即便無所顧忌地走在路上，衰敗的日子仍會突然來臨。

+ 杏樹開花：被翻譯成杏樹的樹木，是指度過漫長冬日後最早開花的扁桃（杏仁樹）。正如在淒冷的以色列突然看到綻放的扁桃，就能知道夏天近了一樣；衰敗的日子也同樣會突然來到。

+ 蚱蜢成為重擔：蚱蜢是指以色列人在春荒時期所吃的豆莢。對逃難的貧窮佃農來說，扛在背上的應急糧食，只有曬乾的豆莢而已。但是連豆莢都成為重擔而背負不起，可見情況有多麼誇張、糟糕。

+ 人歸他永遠的家：是指死後將回到永遠的家——天國，表示荒涼和寂靜。

+ 弔喪的在街上往來：死亡弔喪的人在街上往來的情景，會令人感受到另一種寂靜。

為何大衛祈求用牛膝草來洗淨自己？

謙卑的植物——牛膝草

●● 象徵謙卑的牛膝草

所羅門王具備撰寫三千句箴言和一千零五首詩歌的藝術天賦。在基遍的祭壇獻上一千犧牲作燔祭的那天晚上，所羅門從神得到智慧，在植物學上也具有博士的水準。列王紀的作者對精通植物學的所羅門作了這樣的描述。

他講論草木，自黎巴嫩的香柏樹直到牆上長的牛膝草，又講論飛禽走獸、昆蟲水族。_列王紀上 4：33

當表達「繁多」或是「包括一切」的時候，我常用「比天高、比地厚」來形容，意思是說包括天地之間的一切。列王紀的作者在描述所羅門精通植物學時，並沒有列舉所有植物的名字，只有提到香柏樹和牛膝草。若要以比天高、比地厚來形容，那麼屬天的植物就是香柏樹，屬地的植物就是牛膝草。

牛膝草不管是花、葉或莖，都沒有顯著的美麗，只是一種外表粗陋的植物。牛膝草生長在石縫中、巖石間，或牆角陰暗處，正好與象徵驕傲的香柏樹形成對比；因為牛膝草象徵謙卑，而香柏樹象徵驕傲。

●● 牛膝草是潔淨禮儀中重要的工具

為何大衛祈求用牛膝草來洗淨自己？

牛膝草不是苔蘚

許多西方的聖經學家認為牛膝草，就是岩縫裡長出來的苔蘚，但是以色列人眼中的牛膝草卻有所不同。

第一個主張從岩縫裡長出來的苔蘚不是牛膝草的人，就是拉比拉希（Rashi，1040－1105年）。他根據經上所說的話，指出在埃及遭到長子死亡之災的那一天晚上，以色列百姓拿一把蘸有逾越節宰的羔羊血的牛膝草，打在門楣和左右的門框上。

拿一把牛膝草，蘸盆裏的血，打在門楣上和左右的門框上。你們誰也不可出自己的房門，直到早晨。

_出埃及記12：22

根據這節經文來看，牛膝草必須是一種有莖有葉的植物才合理。

大衛誘姦拔示巴之後，又害死忠臣烏利亞，最後透過先知拿單，聽到神的懲罰。

雖然他大可以王的身分忽視這件事，但是因為他從小還是牧

童的時候，就對神有敬畏的心。所以他以信心和良心來到神面前悔改，夜夜以他的淚水將床榻浸透。

求你用牛膝草潔淨我，我就乾淨；求祢洗滌我，我就比雪更白。_詩篇51：7

在這句話裡，大衛使用了「求你用牛膝草潔淨我」的表達。但是牛膝草怎麼能潔淨大衛呢？

若不瞭解當時朝聖的情況，就很難理解這句話的意思。因為用洗過牛膝草的水來噴灑在身上，就不必等待一個禮拜，而能立刻得潔淨。大衛悔改的詩篇裡就隱含著這種猶太人的文化。

大痲瘋病患者的潔淨禮儀

利未記提及潔淨大痲瘋病患者時，主要是在講痲瘋病患不得不與家庭、社會和「祭儀共同體」隔離後，如何能夠痊癒而回歸社會的過程。

祭司長在營外確認大痲瘋病患者痊癒後，就會拿兩隻潔淨的活鳥和香柏木、朱紅色線和牛膝草來，把一隻鳥宰在盛活水的瓦器中放血，然後再把另外一隻鳥和香柏木、朱紅色線並牛膝草，一同蘸上宰在活水上的鳥血，對著大痲瘋病患者灑七次以後，就定他為「潔淨」，並把那隻活鳥放生。

> 長大痲瘋得潔淨的日子，其例乃是這樣：要帶他去見祭司；
> 祭司要出到營外察看，若見他的大痲瘋痊癒了，就要吩咐人
> 為那求潔淨的拿兩隻潔淨的活鳥和香柏木、朱紅色線，並牛
> 膝草來。_ 利未記 14：2-4

使用在潔淨大痲瘋病患身上的牛膝草，正象徵著在祭儀共同體中被隔離而卑微生活的大痲瘋病患者。

> 耶穌對他說：「你切不可告訴人，只要去把身體給祭司察看，
> 獻上摩西所吩咐的禮物，對眾人作證據。」
>
> _ 馬太福音8：4

耶穌治好大痲瘋病患後，吩咐他要聽從摩西的律法，按照利未記守潔淨禮。所以大痲瘋病患一定有照著耶穌的吩咐，去把身體給祭司察看後才返回社會。

耶穌不是為了廢除律法而來，而是為了完成律法而來。

使人得潔淨的水

在耶路撒冷聖殿的輝煌期，以色列人一年要參加三次聖殿的獻祭，就是在逾越節、七七節、住棚節的時候。

朝聖者在前往耶路撒冷的路上，經常會遇到不潔淨的東西，尤其是屍體。因為窮人死後被埋葬時，大部分都隨便埋在地裡，不會做任何記號，而且有些埋得太淺，甚至連骨頭都有可能曝露

牛膝草和使人得潔淨的水

中東阿拉伯人身上的異味

我們有時會覺得外國人身上有異味，殊不知他們也嫌我們有異味。不同人種之間，對對方的氣味都比較敏感。有些中東阿拉伯人身上的異味也讓人很敏感，這種味道是叫做「za'atar」的香料味道，阿拉伯人不僅會把「za'atar」抹在肉上，還會抹在餅上來吃。

其實「za'atar」的味道就是牛膝草的味道，因為放進「za'atar」裡的調味料主要就是牛膝草的葉子粉、腰果粉、芝麻、鹽和胡椒，而其中份量最多的就是牛膝草的葉子粉。

在外，而這種墳墓就稱為「無名墳」(unmarked grave)。所以上耶路撒冷過節的朝聖者常因此而變得不潔。

耶和華命定律法中的一條律例乃是這樣說：你要吩咐以色列人，把一隻沒有殘疾、未曾負軛、純紅的母牛牽到你這裏來，交給祭司以利亞撒；他必牽到營外，人就把牛宰在他面前。祭司以利亞撒要用指頭蘸這牛的血，向會幕前面彈七次。人要在他眼前把這母牛焚燒；牛的皮、肉、血、糞都要焚燒。祭

司要把香柏木、牛膝草、朱紅色線都丟在燒牛的火中。

_民數記19：2-6

朝聖者為了守節而前往耶路撒冷的途中，如果摸了死屍，就必七天不潔淨（民數記19：11），但是因為七天過後，節日也已結束，所以為了這些人，就為他們預備一種特別的應急辦法，就是「使人得潔淨的水」。

在橄欖山上築壇，焚燒一隻純紅的母牛，把香柏木、牛膝草、朱紅色線都丟在燒牛的火中，並收回母牛的灰。然後再把這灰灑在從西羅亞池舀來的水中，如此做出來的水，就是「使人得潔淨的水」。因此只要把牛膝草蘸在這水裡，灑在因摸屍首而不潔的人身上時，那人就立刻得潔淨了。

CHAPTER

為何參孫說
他的力氣在未乾的青繩子上呢？

青繩子的祕密

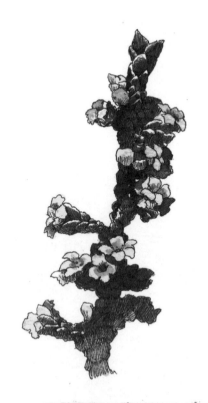

與眾不同的士師——參孫

生為拿細耳人，以風流人物而聞名的士師參孫，是在主日學裡時常講述、眾所周知的話題人物。同時，藉著但支派出身的參孫與非利士人之間的衝突，我們可以清楚地看到士師時代末期的全貌。

參孫與士師記裡出現的其他士師有一些不同的特徵：

第一、參孫是自出生就被揀選為拿細耳人的士師。

第二、其他士師是率領軍隊去跟敵人打仗，而參孫都是獨自一人單槍匹馬地與敵人作戰。

第三、單單以參孫的名字，就足能抵抗非利士人。

參孫和大利拉的戀曲

大利拉居住在參孫所屬的但支派和非利士交界的梭烈谷，她也許是當時梭烈谷出身的第一美女。至於讓非利士人聞名喪膽的參孫，則是當時最孔武有力的大力士。當時最孔武有力的大力士與當時最美的女人譜出戀曲，也就是神所揀選的拿細耳人愛上了外邦女子。由此看來，當時應該也和歷世歷代一樣，天下英雄總是愛美女吧！

在聖經的記載中，隱含著參孫誇大自己的神祕能力，使非利士人為之恐懼的智謀。但若是對生長在以色列的植物，與其中所隱含的猶太人文化不瞭解，就很難看出參孫所隱藏的智謀。

後來，參孫在梭烈谷喜愛一個婦人，名叫大利拉。非利士人

的首領上去見那婦人，對她說：「求你誆哄參孫，探探他因何有這麼大的力氣，我們用何法能勝他，捆綁剋制他。我們就每人給你一千一百舍客勒銀子。」大利拉對參孫說：「求你告訴我，你因何有這麼大的力氣，當用何法捆綁剋制你。」參孫回答說：「人若用七條未乾的青繩子捆綁我，我就軟弱像別人一樣。」於是非利士人的首領拿了七條未乾的青繩子來，交給婦人，她就用繩子捆綁參孫。有人預先埋伏在婦人的內室裏。婦人說：「參孫哪，非利士人拿你來了！」參孫就掙斷繩子，如掙斷經火的麻線一般。這樣，他力氣的根由人還是不知道。_士師記16：4-9

參孫所隱藏的智謀，其焦點是在於「未乾的青繩子」。參孫為何要說他力氣的來源是在這上面呢？

力量和智慧兼具的天下壯士參孫與青繩子的祕密

在參孫和大利拉故事中出現的青繩子是一種植物，希伯來文稱為「יֶתֶר」(Yitran，益蘭)，它跟當作藥材使用的葛藤（葛根）是完全不同的植物。因為益蘭是編織繩子時所使用的植物，所以也被稱作「rope plant」。益蘭一般生長在靠近地中海西部的沿海平原和內蓋夫沙漠，在聖經裡也會以人名出現。

底順的兒子是欣但、伊是班、益蘭、基蘭。_創世記36：26
亞拿的兒子是底順。底順的兒子是哈默蘭、伊是班、益蘭、

參孫的家鄉瑣拉位於梭烈谷上方，並不是益蘭傳統生長的地方。參孫對大利拉撒謊說「用七條未乾的青繩子」捆綁他，他的力氣就會像別人一樣軟弱。然而在這裡面，隱藏著參孫閃亮的智謀。

一般人在形容對參孫的形象時，很容易把他想成孔武有力的大力士，或是愛女人的花花公子。在一般情況下，女人不易兼備美貌和知性，男人則不易兼備力量和智慧。但是從其話語中隱藏的智謀來看，參孫確實是個兼具力量和智慧的人。

非利士人透過大利拉蒐集到情報之後，必須使用生長在他們居住的沿海平原上的七條益蘭，編織成掙不斷的繩子，再把它拿到參孫居住的瑣拉。然而，參孫說得很清楚，必須是未乾的益蘭。若是在沿海平原用益蘭編織成繩子後再拿到瑣拉，繩子會在路途中完全乾枯。所以，非利士人若想用未乾的益蘭繩子來捆綁參孫，就需要高度的戰略和行動。

在此，就讓我們一邊想像他們會展開什麼行動，一邊進入三千年前參孫和非利士人對抗的戰爭，以及參孫和大利拉的愛情故事現場。

非利士人的最高軍事行動

在提到作戰行動之前，首先我們要瞭解非利士人定居的地中海沿岸南邊的非利士平原，以及參孫和大利拉定居的梭烈谷地形。非利士平原的確是一個名符其實的大平原。梭烈谷則位於經

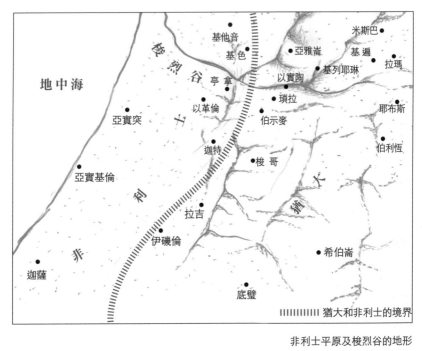

|||||||||| 猶大和非利士的境界

非利士平原及梭烈谷的地形

過猶大山地（海拔800公尺）路口的丘陵地帶（海拔300－500公尺）。

　　在這種地勢下，到底要用哪一種方法，才能把未乾的益蘭繩子搬運到上方的梭烈谷呢？方法就是讓非利士人組成好幾個小隊，做好益蘭繩子後，用全力往上跑到參孫的所在地瑣拉。一個人獨自拚命地在山嶺間奔跑運送，當然比不上以分段接力賽跑的方式運送。因為若靠一個人拚命地翻山越嶺，時間過長，精心做好的益蘭繩子必會在途中完全乾枯，若是這樣就捆綁不了參孫。

　　所以，若想使用未乾的益蘭繩子捆綁參孫，就需要策劃最高的軍事行動。然而使用這樣千辛萬苦運送來的繩子捆綁參孫，倘

若參孫輕易地掙斷繩子，那該怎麼辦呢？

關於大力士參孫神力來源的消息，想必已傳遍非利士全地，就像雪球一樣越滾越大。因此參孫光靠他的名字，就會讓非利士人聞之喪膽。

當小孩子哭的時候，我們通常都會說愛哭的小孩會被虎姑婆咬走。但是在非利士境內，當小孩子哭的時候，也許會說「被參孫咬走」吧？

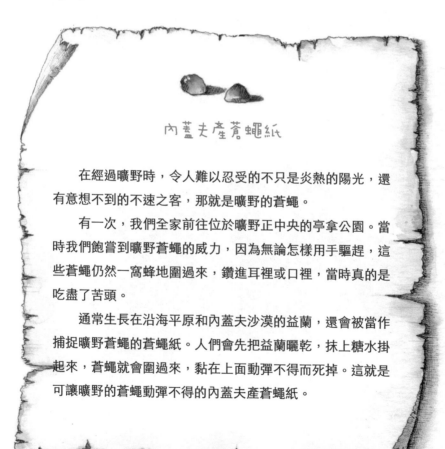

內蓋夫產蒼蠅紙

在經過曠野時，令人難以忍受的不只是炎熱的陽光，還有意想不到的不速之客，那就是曠野的蒼蠅。

有一次，我們全家前往位於曠野正中央的亭拿公園。當時我們飽嘗到曠野蒼蠅的威力，因為無論怎樣用手驅趕，這些蒼蠅仍然一窩蜂地圍過來，鑽進耳裡或口裡，當時真的是吃盡了苦頭。

通常生長在沿海平原和內蓋夫沙漠的益蘭，還會被當作捕捉曠野蒼蠅的蒼蠅紙。人們會先把益蘭曬乾，抹上糖水掛起來，蒼蠅就會圍過來，黏在上面動彈不得而死掉。這就是可讓曠野的蒼蠅動彈不得的內蓋夫產蒼蠅紙。

CHAPTER

到底摩西是把什麼東西丟到曠野的水裡？

可使曠野的水變潔淨的植物

●● 讓瑪拉的苦水變甜的植物──夾竹桃

以色列人經歷紅海的神蹟後，來到書珥的曠野，在曠野走了三天，找不到水，因此他們就開始抱怨。他們經歷紅海的神蹟和恩典，還不到三天，就開始抱怨，也許會令人費解。但是未曾經歷過在沒有水的情況下，行走在炎熱的曠野路上的人，根本沒有資格批判他們。如果是曾經去過曠野的人，反而會覺得他們真的不得了「怎麼可能在沒有水的曠野，忍受三天，還不會抱怨」。

以色列人很艱難地才到達有泉水的瑪拉，卻因為水是苦的而不能喝。「瑪拉」的地名由來是源自意為「苦」的希伯來文「מר」(mar)。

當時百姓就向摩西發怨言，後來耶和華指示摩西，把泉水旁的一棵樹丟在瑪拉的泉水裡。當他把樹丟在水裡，瑪拉的苦水就變甜了。

> 摩西領以色列人從紅海往前行，到了書珥的曠野，在曠野走了三天，找不著水。到了瑪拉，不能喝那裏的水；因為水苦，所以那地名叫瑪拉。百姓就向摩西發怨言，說：「我們喝甚麼呢？」摩西呼求耶和華，耶和華指示他一棵樹。他把樹丟在水裏，水就變甜了。耶和華在那裏為他們定了律例、典章，在那裏試驗他們；又說：「你若留意聽耶和華──你神的話，又行我眼中看為正的事，留心聽我的誡命，守我一切的律例，我就不將所加與埃及人的疾病加在你身上，因為我──耶和華是醫治你的。」
> _ 出埃及記15：22-26

這棵樹的名字是什麼？

很多聖經植物學者認為在聖經裡出現的這棵無名的樹，就是「夾竹桃」(oleander)。夾竹桃的希伯來文是「הַרְדּוּף」(harduf)，花雖然美麗，卻具有毒性。

在以色列，許多地方都可以見到夾竹桃。我記得當地曾經發生過一個高中生用夾竹桃葉泡茶來喝，不到兩分鐘就當場死亡的事件。夾竹桃的樹根，在古代還是賜死罪人時所使用的毒藥。

夾竹桃生長在泉水附近。聖經植物學者不僅認為生長在瑪拉泉水旁的樹木是夾竹桃，而且還附帶作了一個獨特的說明：

「有限的人類會用甜的東西來治療苦的東西，但是全能的神卻用苦的東西來治療苦的東西。」

人喝完苦藥之後，就會想吃甜的東西，但是神的方法卻正好相反。有一句俗語說「以毒攻毒」，打疫苗就是以這種原理為基礎的。

●● 淨化曠野之水的紫菀茶花和白綠綿棗兒

記得剛到以色列沒多久，我在無意間參加了一次曠野之旅，那時我們的最終目的地是便雅憫支派和以色列內戰時，便雅憫支派僅存的六百人所逃到的臨門磐。當時主辦單位囑咐我們要攜帶三公升的水和黃瓜，但是我只攜帶了一公升的水和蘋果，因為畢竟蘋果比黃瓜好吃多了。

夾竹桃

white squill

　但是問題就是從此開始的，因為曠野之旅必須要上下攀登險峻的山嶺，一不小心就會失去生命，可說是非常危險的旅行。更何況別人腳上穿的都是登山鞋，但是無意間加入的我只穿了普通的運動鞋，因此沒有爬過幾個山嶺，我的鞋底就磨破了。

　旅程從早上九點開始，下午五點才結束。因為我的運動鞋底破了，所以我的腳被曠野粗糙的石頭磨破而非常痛。帶去的水一早就喝完了，加上我把水分多的黃瓜換成甜的蘋果，因此受盡了乾渴之苦。儘管如此，也不能要同伴的水來喝，因為他們也要靠

著帶來的水走完全程。這就是令我難以忘懷的第一次曠野之旅。

對曠野的過路客而言，最迫切需要的就是水。大衛和跟隨他的六百人為了逃避掃羅追殺而逃到曠野，然而在曠野遇到的最大危機就是水的問題。

經過曠野時，你會發現到處都有積水。但是如果直接喝這些水，必定會導致腹瀉。在無法補充水分的曠野中，如果因急性腸炎而脫水，也許會連生命都保不住。在曠野中的積水裡會有各種有機物在其中滋生，所以不能喝，但是如果把一種叫做「紫菀茶花」(aster tea)的植物放進水裡煮開後喝，就可以預防腹瀉。這是惟有長期在曠野旅行的人才知道的祕方。我想大衛應該也知道這種紫菀茶花。

曠野中有一種叫做 white squill 的植物，它的葉子在黎明時分會結出很多露水。如果用杯子來接這些露水，足夠接滿一杯。在曠野流浪的大衛和跟隨他的人，也許就是接這植物葉子上出來的露水來喝。

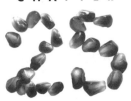

CHAPTER

真的有因為大地受咒詛，
而誕生的植物嗎？

滅亡的植物故事

荊棘和蒺藜

　　因著人類始祖亞當的犯罪，包括大地在內的所有被造物都受到咒詛，然後就誕生了前所未有的植物。大地受咒詛後，首先誕生的滅亡植物，就是荊棘和蒺藜（荊和薊）。

　　荊在希伯來文稱為「קוץ」(kotz)，薊則是「דרדר」(dardar)。因為在何西阿書中的薊被譯成蒺藜，反而使很多不懂希伯來文的基督徒感到非常迷惑，分不清楚究竟是哪一種植物。

蒺藜

地必給你長出荊棘和蒺藜來；你也要吃田間的菜蔬。

_創世記3：18

伯‧亞文的邱壇——就是以色列取罪的地方必被毀滅；荊棘和
蒺藜必長在他們的祭壇上。他們必對大山說：遮蓋我們！對
小山說：倒在我們身上！_何西阿書10：8

●● hoach——蒺藜（荊棘）

在約伯記及雅歌裡分別被翻譯為「蒺藜」和「荊棘」的植
物，其實是同一種植物，希伯來文稱為「חוח」(hoach)。這種植物
在遠離麥田的荒地中十分常見，故此，我覺得當初翻譯聖經的人
似乎沒有認真查過希伯來文，就將有刺的植物統一翻作荊棘和
蒺藜。

願這地長蒺藜代替麥子，長惡草代替大麥。約伯的話說完
了。_約伯記31：40
我的佳偶在女子中，好像百合花在荊棘內。_雅歌2：2

約伯透過這句話強調自己絕對沒有虐待佃農。假如他真
的虐待佃農，就讓蒺藜和野草長滿那地，從此不再有小麥和
大麥。

我們目前最常使用的中文聖經並不是直接對照希伯來文、希

hoach—蒺藜（荊棘）

臘文翻譯而來，因此在許多聖經植物詞彙上，將不同的植物翻譯成了同一個名稱，或是將同種的植物翻譯成不同名稱，因而造成了許多的困惑。接下來讀者們會發現中文聖經中的「蒺藜」和「荊棘」的植物指不同的植物。

●● 荊棘（shayit）和蒺藜（shamir）

在還沒有耕種的葡萄園裡，不僅會長出像鍋一樣的荊棘(sirim)，再過一段時間，還會長出茂密的雜草，這些雜草在中文聖經中被翻譯為荊棘和蒺藜。但是只要看過這些植物的照片，就能在閱讀相關的經文時，更加清楚地瞭解。此處的蒺藜在希伯來文中稱為「רימש」(shamir)，荊棘則稱為「תיש」(shayit)。

> 從前，凡種一千棵葡萄樹、值銀一千舍客勒的地方，到那時必長荊棘和蒺藜。_以賽亞書7：23
>
> 邪惡像火焚燒，燒滅荊棘和蒺藜，在稠密的樹林中著起來，就成為煙柱，旋轉上騰。_以賽亞書9：18
>
> 以色列的光必如火；他的聖者必如火焰。在一日之間，將亞述王的荊棘和蒺藜焚燒淨盡。_以賽亞書10：17
>
> 荊棘蒺藜必長在我百姓的地上，又長在歡樂的城中和一切快樂的房屋上。_以賽亞書32：13

蒺藜 (shamir)

荊棘 (shayit)

CHAPTER

到底沙崙之花是哪一種花？

以色列夏季的花兒和冬季的花兒故事

◑◐ 「tu bav」（夏至）與「tu bshevat」（冬至）

以色列的四季是以兩個節期來區分的，也就是「tu bav」與「tu bshevant」。「tu」代表十五，其意思分別為埃波月（希伯來曆的五月）十五日和細罷特月（希伯來曆的十一月）十五日。埃波月和細罷特月是希伯來曆的月分名字，埃波月相當於陽曆的七月中旬至八月中旬，細罷特月相當於陽曆的一月中旬至二月中旬。這兩個節期相當於我們的夏至和冬至，所以度過「tu bav」以後，白晝就會越來越短，度過「tu bshevat」以後，白晝就會越來越長。

以色列在過了「tu bshevat」之後，就能感覺到夏天近了，田野裡會開滿紅色的花朵。卡巴拉主義者會從「tu bshevat」前夕開始陸續喝四杯葡萄酒，先是白葡萄酒，漸漸加入紅酒，最後轉變成喝紅酒。如果你在細罷特月的前一個月——提別月（陽曆十二月中旬至一月中旬）遊覽以色列，就會發現大部分樹葉都已凋謝，整個視野看起來白茫茫一片。但是過了細罷特月以後，以色列的大自然就會從白色轉變為紅色，然後逐漸變成黃色。

大流士第二年十一月，就是細罷特月二十四日，耶和華的話臨到易多的孫子、比利家的兒子先知撒迦利亞，說：「我夜間觀看，見一人騎著紅馬，站在窪地番石榴樹中間。在他身後又有紅馬、黃馬，和白馬。」我對與我說話的天使說：「主啊，這是甚麼意思？」他說：「我要指示你這是甚麼意思。」那站在番石榴樹中間的人說：「這是奉耶和華差遣在遍地走來

走去的。」那些騎馬的對站在番石榴樹中間耶和華的使者說：「我們已在遍地走來走去，見全地都安息平靜。」於是，耶和華的使者說：「萬軍之耶和華啊，你惱恨耶路撒冷和猶大的城邑已經七十年，你不施憐憫要到幾時呢？」─撒迦利亞書1：7-12

這段話中的白馬、紅馬、黃馬，是以細罷特月為基準，描述以色列逐漸改變的自然景觀。

以色列在過了「tu bav」之後，白天的時間就會漸漸變短而接近雨季，田野中會開滿白花。隨著濕度增高，樹幹外表會開始出現害蟲。

這個時期是結束小麥和大麥的收割，等候摘取夏天果實的農閒期。聖經時代的以色列年輕男女在「tu bav」時，幾乎都會在葡萄園或是橄欖園約會。女人會穿上白衣裳聚集在橄欖園裡，手挽著手，圍成一個圓圈，繞著圓圈載歌載舞。這時男人就會靠過來尋找對象，青年男女就在此相識。

在士師時期，以色列人最早設立會幕的地方──示羅舉行的葡萄園慶典尤其出名。示羅慶典把來自十二支派的青年男女聚集在一起，而且惟有這一天，可以不分支派地任意選擇自己心儀的對象。

因為以法蓮人的妾事件，而引起的以色列內戰達到最高峰時，便雅憫支派全軍覆沒，只剩下六百名男丁。這時十一個支派為了維持便雅憫支派的生存，就把沒有參戰的四百名基列‧雅比人的未嫁處女給這六百名便雅憫男子作妻子，又叫便雅憫人到示羅，從來參加葡萄園慶典的女子中搶來兩百名，補足六百人。

他們又說：「在利波拿以南，伯特利以北，在示劍大路以東的示羅，年年有耶和華的節期」；就吩咐便雅憫人說：「你們去，在葡萄園中埋伏。若看見示羅的女子出來跳舞，就從葡萄園出來，在示羅的女子中各搶一個為妻，回便雅憫地去。」

_ 士師記21：19－21

💭💭 在「tu bav」以後綻放的花

露水花

在以色列有一種過了「tu bav」以後，就會開滿全地的花。這種花的希伯來名字是「*בצח*」(chatzav)。在以色列全地同時開的花非常稀有，因為各地的地形、氣候、溫度都不一樣。但是這種花卻會在「tu bav」以後，同時綻放在以色列全地。因為以色列此時正好處在露水較多、濕度較高的季節，所以這種花也被稱為「露水花」(dew stalk) 或是「濕氣花」(moisture stalk)。

沙崙的花

在這個季節，還有一種在西部沿海的沙崙平原上開的花，那就是在讚美詩歌裡出現的「沙崙的花」。這種花的希伯來名字是「*וורשה תלצבח*」(habatzelet hasharon)。在雅歌中出現的「沙崙的水仙花」就是這種花。

我是沙崙的玫瑰花（或譯：水仙花），是谷中的百合花。_ 雅歌2:1

露水花

谷中的百合花

番紅花

谷中的百合花

在以色列有一種希伯來文稱為「סירסן」(narkis)的花。在聖經裡出現的「谷中的百合花」，就是這種花。這種花一般是生長在我們翻譯成荊棘的「hoach」中間。

我是沙崙的玫瑰花（或譯：水仙花），是谷中的百合花。我的佳偶在女子中，好像百合花在荊棘內。_雅歌2:1-2

長得像似修殿節燭臺的番紅花

在猶太人的傳統節日中,有希伯來文稱為「*הכונה*」(hanukkah)
的修殿節(類似像我們過的聖誕節)。這一天是記念以色列人從敘利亞
塞琉古王朝國王安提阿古四世手上奪回耶路撒冷,並重新將耶路
撒冷第二聖殿獻給神的日子,所以也被稱為「獻殿節」。耶穌也有
守修殿節,並照著時間來到聖殿中。

修殿節期間為了保護花粉而將花瓣包起來的花,就是「番紅
花」(crocus)。這種花長得很像修殿節點蠟燭用的燭臺。

在耶路撒冷有修殿節,是冬天的時候。_約翰福音10:22

CHAPTER

所羅門會為他的愛人噴哪一種香水呢？

以色列的香料

●● 香料的用途

在聖經裡出現的各種香料，其原產地大都是阿拉伯。在所羅門時代，阿拉伯半島的示巴女王曾拜訪過以色列，從此以色列就跟阿拉伯正式開始貿易。香料與其他的聖經植物一樣，不僅很難翻譯，還非常不好理解。但是參照照片或是圖片來閱讀相關的經文時，可以幫助我們更廣泛地瞭解。聖經時代的香料具有三種意義。

香水

不用說女人，就連男人也會為了除掉身上的味道，或誘惑異性而使用香料。

> 我妹子，我新婦，你的愛情何其美！你的愛情比酒更美！你膏油的香氣勝過一切香品！_雅歌4：10

衡量財富的標準

香料在聖經時代被當作衡量財富的標準。希西家王向巴比倫的使者團展示王宮的寶庫，寶庫裡滿滿都是金子、銀子、香料和貴重的膏油。

> 希西家聽從使者的話，就把他寶庫的金子、銀子、香料、貴重的膏油，和他武庫的一切軍器，並他所有的財寶，都給他

們看。他家中和他全國之內，希西家沒有一樣不給他們看的。_列王紀下20：13

沒有公開相信耶穌的尼哥德慕，在耶穌被釘十字架死後埋葬時，帶來一百斤的沒藥和沉香，這是表示尼哥德慕擁有相當大的財富和信心。

東方博士們獻給耶穌的寶盒裡裝滿了黃金、乳香和沒藥。由此可知，香料在當時的以色列是非常珍貴的東西。

又有尼哥德慕，就是先前夜裏去見耶穌的，帶著沒藥和沉香約有一百斤前來。_約翰福音19：39

使用在聖殿的獻祭上

在製作膏抹大祭司的聖膏油，和在聖所裡的香壇燒香時，就會使用各種香料。

耶和華曉諭摩西說：「你要取上品的香料，就是流質的沒藥五百舍客勒，香肉桂一半，就是二百五十舍客勒，菖蒲二百五十舍客勒，桂皮五百舍客勒，都按著聖所的平，又取橄欖油一欣，按做香之法調和做成聖膏油。」_出埃及記30：22-25

桂皮

●● 各種不同的香料

沉香、沒藥、乳香

沉香是妓女用來撒在床上以刺激性慾的香料。另外，也可以與沒藥一起調和，塗在屍體上，中和腐爛的味道。

我已經用繡花毯子和埃及線織的花紋布鋪了我的床。我又用沒藥、沉香、桂皮薰了我的榻。_箴言7：16-17

進了房子，看見小孩子和他母親馬利亞，就俯伏拜那小孩子，揭開寶盒，拿黃金、乳香、沒藥為禮物獻給他。

_ 馬太福音2：11

薄荷

芹菜

薄荷、茴香、芹菜、芸香

　　薄荷、茴香和芹菜是跟聖經中的十一奉獻有關的香料。在路加福音裡有把茴香替換成芸香的記載。

你們這假冒為善的文士和法利賽人有禍了！因為你們將薄荷、茴香、芹菜獻上十分之一，那律法上更重的事，就是公義、憐憫、信實，反倒不行了。這更重的是你們當行的；那也是不可不行的。＿馬太福音23：23

你們法利賽人有禍了！因為你們將薄荷、芸香並各樣菜蔬獻上十分之一，那公義和愛神的事反倒不行了。這原是你們當行的；那也是不可不行的。＿路加福音11：42

菖蒲

菖蒲是製作膏抹大祭司的聖膏油時使用的香料。另外在耶利米書中，也將菖蒲歸類於香料。

> 你要取上品的香料，就是流質的沒藥五百舍客勒，香肉桂一半，就是二百五十舍客勒，菖蒲二百五十舍客勒。_ 出埃及記30：23
>
> 從示巴出的乳香，從遠方出的菖蒲（或譯：甘蔗）奉來給我有何益呢？你們的燔祭不蒙悅納；你們的平安祭，我也不喜悅。
>
> _ 耶利米書6：20

苦膽（茵陳）

被譯為苦膽和茵陳的香料，是指發苦的苦艾(wormwood)。把苦膽泡在葡萄酒裡喝，就有止痛的效果。這是對遭受十字架刑罰的罪犯施捨的最後一次慈悲，但是耶穌斷然拒絕這種施捨，而把十字架的苦杯全部喝下。

> 他們拿苦膽給我當食物；我渴了，他們拿醋給我喝。
>
> _ 詩篇69：21
>
> 他用苦楚充滿我，使我飽用茵陳。_ 耶利米哀歌3：15
>
> 兵丁拿苦膽調和的酒給耶穌喝；他嘗了，就不肯喝。
>
> _ 馬太福音27：34

苦艾

番紅花

鳳仙花（指甲花）

番紅花、哪噠

在聖經時代，番紅花是用來製造香水、藥品、染色劑等物品的香料。哪噠是香膏的主要成分，它的根可當作香水使用。

> 有哪噠和番紅花，菖蒲和桂樹，並各樣乳香木、沒藥、沉香，與一切上等的果品。_雅歌4:14
>
> 耶穌在伯大尼長大痲瘋的西門家裏坐席的時候，有一個女人拿著一玉瓶至貴的真哪噠香膏來，打破玉瓶，把膏澆在耶穌的頭上。_馬可福音14:3

鳳仙花

聖經裡所記載的鳳仙花(camphire, henna)，學者認為是指甲花。這種花的葉子可以當作染指甲、頭髮或布料時使用的香料與染劑，並且染完後清洗也不易褪色。在古代的埃及，人們也曾把它當作化妝品使用。對猶太人而言，鳳仙花是意味著節制和心靈平安的一種香料，因此他們有一種風俗，就是在結婚儀式時為新郎和新娘，以及在接受成人禮的男子的手掌和腳掌上塗抹鳳仙花。

> 我以我的良人為一棵鳳仙花，在隱·基底葡萄園中。_雅歌1:14

期盼能拉近與猶太人疏遠的距離

　　2000 年 2 月 26 日，我和四歲的兒子贊榮、十個月大的女兒賢智，以及親愛的妻子，一起在以色列邁出了第一步！一轉眼數年過去了，如今以色列已經成為我們的第二個故鄉。

　　對於自認為是猶太人的兒子贊榮，以及從小就來到以色列，因此在以色列的記憶，在她短暫人生中已成為全部的女兒賢智來說，教導他們成為一個真正的韓國人確實不易。看著賢智，彷彿在轉眼間，我們也幾乎成為以色列的本地人了。

　　以色列是著名的「聖地」，每年有成千上萬的基督徒到以色列朝聖。我在以色列曾經遇到過一位和我關係要好的執事，他非常羨慕我們家庭，說：

　　「我真羨慕你們能住在到處都有耶穌足跡的以色列啊！」

　　我的回答是：

　　「那也只是起初十天的感動而已，其他時間都像在曠野一樣，要努力地求生呢！」

　　從我們抵達的 2000 年開始，陸續爆發了巴勒斯坦人和以色列人的武力衝突。接著，市區公車竟然被炸，並以耶路撒冷市內著名的咖啡店和點心店為目標，開始發生多起自殺式炸彈襲擊，情

況急劇惡化。除了自家以外，根本沒有一個安全的地方。甚至連希伯來大學的校內餐廳也被襲擊，包括三名韓國留學生在內，很多人都受了傷。

過去在電視上看到的國際新聞報導，如今每天活生生地發生在我們眼前，確實令我們感到驚慌不已。就連昨天我和妻子平常會一起去購物的社區超商，也發生了炸彈襲擊。因此，我們真是提心吊膽地在過日子。

有一次我和孩子們一起吃早餐的時候，突然聽到「砰！」一聲，趕緊跑到外面一看，就在我家附近的公車站發生了自殺炸彈襲擊。因為事發時間正值小學生上學的時間，因此場面更加慘不忍睹，令人傷心。一眼望去，遍地都是散落一地的書包、學習用品，以及一具具無法辨識的孩子屍體，那個場景簡直就像地獄一樣……。

非常艱辛的以色列生活

我們在以色列的生活，並沒有想像中那麼簡單。從到達的第一天起，就開始面對殘酷的生活，至今我仍然難以忘懷。由於冬天最後一波寒流經常會帶來遲來的雨，因此會使沒有任何暖氣設備的客房變得格外地寒冷。從來到以色列的第一天開始，我幾乎一個禮拜都沒能好好睡覺和進食。我從來不曾病得如此嚴重，所以身體的疼痛讓我非常難受。在將近三天沒有進食和睡覺後，我的

眼前便出現幻覺，就此開始了之前只靠頭腦理解的「屬靈爭戰」。

不只是我，就連我的女兒賢智也難以忍受耶路撒冷的寒冷，從到達以色列的第一天，就和我一起生病了。當時她發高燒，體溫超過四十度。雖然給她吃了退燒藥，但一點作用都沒有。後來好不容易有認識的傳道人開車送我們去醫院急診室，結果護士卻找不到女兒身上的血管，一連扎了二十多個地方。當時女兒只是十個月大的嬰兒，手臂如此纖細，就這樣每扎一針，女兒就哭一聲。

後來總算抽到血，送進檢查室，醫師卻又馬上回來跟我們說因為血抽得不夠，所以還要再抽一些血。但是女兒的手臂已被扎了二十多個地方，處處傷痕累累，導致血管收縮，已經不能再抽血了，因此醫生就換位置，開始從腳上抽血。這時賢智的哭叫聲，簡直就像到了垂死掙扎的地步。

就這樣，我在醫院的候診室裡等待，不知等了多久。後來醫生告訴我這只是普通的病毒感染，吃退燒藥就會沒事，隨即冷漠地轉身離去。可是我們確實是在孩子吃過退燒藥以後，沒有效果才到醫院的……。

現在我閉上眼睛，仍然能夠清晰地想起那天我懷著惆悵的心一路返家的情景。因為那天交通非常堵塞，所以開車載我們的那位傳道人就抄了近路。但是一邊的輪胎卻不幸地陷進沙石路的坑裡，這時陽光突然消失，並下起傾盆大雨，而且還開始下冰雹。

我渾身被汗濕透，看著依偎在我懷裡、如同暈厥一樣熟睡的女兒，瞬間想起神是不是要帶走這幼小的生命，因而感到無比的恐懼。當初我決定要來以色列時，我的父親還問我，女兒還太

小，要不要留給他照顧。現在真的覺得，因著父母無知的行為，似乎令幼小的女兒面對無法承擔的試煉。這種想法一出現，就更加控制不住自己的心情。

在貧瘠荒涼的耶路撒冷土地上，我們一家人真的能熬得過去嗎？若想在這個地方長期居住，必須以學生的身分居留，而且希伯來文並不容易學，這樣我真的能跟得上醫學院的課程嗎？即使在家鄉也是路痴的我，都是妻子在一旁像導航器一樣地指示我「左轉、直走、右轉」，看到耶路撒冷似乎一模一樣的石頭房子密密麻麻相連在一起，我當真能開得了車嗎？因此我開始認真地思考，到底要不要乾脆回國。

後來，妻子帶著被恐懼的靈纏住的我，不斷地作爭戰的禱告，並且陪著完全灰心喪志的我出去散步，一天不知多少次。在那時，我清楚地看到存在於靈界的魔鬼，並經歷了奉耶穌的名宣告，魔鬼就離開的神大能。一整個禮拜，我們全家除了吃飯和睡覺以外，幾乎都在一起禱告，如果無法禱告，就用方言不住地讚美神。過了一段時間以後，我漸漸地恢復了體力，女兒也恢復了健康。

直到蒙召作傳道人

我的信仰生活是從大一時，在學校參加學生團契的福音聚會開始的。在一個完全不相信耶穌的家庭中，首次誕生了一個信耶

穌的突變種。我在宣教機構接受如軍隊般扎實的信仰操練，以此開始過信仰生活，但也曾為此遭遇過很多困難。因為我是獨生子，自從相信耶穌以後，我曾經因為拒絕在祭祖時磕頭而被趕出家門。在學生團契中學習、教導學弟明白聖經，如此過了八年，真理的話語——聖經已經逐漸變成我生命的中心。

1994 年，參加中醫師國家考試之前，我默讀著信心前輩所寫下的希伯來書十一章的經文，並為我自己的前途獻上禱告。那時，我想放下舒適的中醫師生活，委身於大學生的福音運動，所以連名字都改為摩西。可是我把這件事告訴父親以後，卻發生以前會把兒子趕出家門的父親自己離家出走的事情。

> 摩西因著信，長大了就不肯稱為法老女兒之子。他寧可和神的百姓同受苦害，也不願暫時享受罪中之樂。他看為基督受的凌辱比埃及的財物更寶貴，因他想望所要得的賞賜。
>
> _ 希伯來書11：24-26

當我成為宣教機構學生團契的領袖後，等待我的又是全新的屬靈爭戰，就是內部同工之間宣教方向不一致。上任九個月，我的體重掉了七公斤，最後不得不離開我全心全意委身的大學生福音事工，以及同甘共苦的學生團契和同工。當時煩擾我的難題有兩項。

「難道離開我一生委身的宣教機構學生團契，就等於離開神嗎？」

「離開宣教機構學生團契以後，又要如何實踐向大學生傳福

音的使命呢？」

因此，我開始研讀鍾馬田牧師的《羅馬書註釋》系列。重新反覆閱讀過去讀過且教過無數次的羅馬書以後，我終於嘗到全新的福音精髓。神救贖罪人的大能在我裡面動工，救恩的感動再次湧流。特別是當我讀到羅馬書第八章的時候，我確信我已經在神美好的救贖計畫當中，因為在創世之前，神就已經知道我（預知）、定下我（預定）、把我召來（呼召）、使我為義（稱義）、又叫我得榮耀（榮耀）。

然後我就離開了宣教機構。

我參加推喇奴書房舉辦的查經研習會時，藉著兩位牧師的介紹，認識了我現在的妻子。初次見面時，妻子穿著不太適合相親的休閒服，而她對我說的第一句話，我至今仍忘不了。

「我蒙召到以色列去作傳道人，你能跟我一起去完成這個異象嗎？」

一個不是在宣教機構中服事，而是在一般教會中的平信徒，竟然對宣教如此委身，確實讓我吃驚不已。當時的我每週都在相親，因為對於我離開宣教機構而感到最開心的父親，一心急著想要兒子早點結婚，就請有名的媒婆介紹基督徒姊妹們給我。當時我見過很多姊妹，雖然她們也都有去教會，但好像不是我想像中有美好信仰生命的人。可是當我看到這位坐在一個於宣教機構已經聽宣教聽到膩耳的人面前，放膽宣告蒙召異象的姊妹時，我馬上就確信這位姊妹一定是神為我預備的伴侶。

🧢 抱著拉近猶太教與基督教距離的異象

我是在以色列韓人社會中惟一的醫生，平時為周圍的韓國人或由他們介紹而來的猶太人患者看病。猶太人聽說從韓國來了一位中醫師，多少都會抱著一點警戒心來找我看病，因為以色列和中國有長久的外交關係，所以當地針灸已經非常普及。

因為我想在以色列長期居留，所以就以學生身分申請了希伯來醫學大學的碩士課程。這樣無意間開始的學習，並不容易。因為我的希伯來文語言能力不足，所以遇到很多困難。我不止一次留在同事們下班後的實驗室裡獨自流淚，但是靠著神的幫助和妻子的鼓勵，在我攻讀博士學位的時候，還得享榮獲四年獎學金的祝福。

雖然我在以色列得到數不勝數的恩典，但是最大的祝福，還是與相信耶穌是彌賽亞的猶太人相交的祝福。我和他們一起到猶太社區的教會(Kehillah)以後，好像得到了一雙能重新察看聖經的慧眼。他們真的就像從聖經裡誕生的以色列後裔一樣，在他們所寫的書和講道裡，確實有許多從未在韓國或在西歐神學中聽過，既新穎又極具說服力的解析。

基督教歷史性、文化性的根源，都在以色列。基督教的基礎是建立在聖經時代猶太人的文化之上，所以聖經的解析要以猶太人的文化——希伯來文化為基礎才行。如果用希臘的希臘文化來作解析，就會產生很多謬誤。

我想把神在以色列賜給我新領悟到的恩典，彙集整理出來，

編成一系列的書籍，與渴慕神話語的弟兄姊妹一起分享。這本書是系列中的第一本，之後還會有曠野、節期、動物、耶穌的比喻、生活史等系列，相繼問世。

目前我正在進行「現場體驗：整本聖經一讀學校」的計畫。這是利用十天的時間，帶領基督徒親自踏入展開聖經歷史的以色列本土，幫助他們全心專注全本聖經一讀的計畫。並以全新的聖經「地理」、以色列「歷史」，以及聖經時代猶太人「文化」的框架，幫助人們更有趣且生動地閱讀聖經，同時也希望能向人們介紹以色列這個被隱藏了兩千多年、但是在末日卻一定會恢復的宣教地。

目前我是《今日以色列》月刊總編。這本雜誌是由以色列信主的猶太人編輯的月刊，每個月都會出版英語、德語、日語、荷蘭語、韓語等語言版本。我們的異象是拉近目前太過疏遠的猶太教與基督教之間的距離。

神在以色列這棵橄欖樹上，嫁接了野橄欖樹──外邦基督徒，但是目前卻有所謂猶太教與基督教兩種彼此不同的橄欖樹。藉著閱讀這本雜誌，你會明白到末日時，神一定會恢復以色列百姓，在列邦插上福音的旗幟。

我是因為許多參加過、聽過我主講的研習會內容的人，鼓勵我把研習會內容彙集出版成書，才決定寫這本書。然而，就在即將把微不足道的原稿公諸於世的此刻，我確實感到既期待又慚愧。

首先，我要感謝能夠理解我的想法，並幫助我籌備出書的推喇奴書房。

隨同我一起走在以色列艱辛的曠野路上，每當我疲憊時鼓勵我的妻子；健康開朗地長大、考上以色列英才中學的兒子贊榮；不管在何處都無憂無慮的女兒賢智……，都能讓我忘記以色列的孤寂而感到溫暖的懷抱。因為他們的存在，才有今天的我，所以我真心地感謝他們。

另外，我還要感謝為以色列的恢復和我們家庭流淚禱告的岳母，以及雖然至今尚未認識主耶穌，卻把我當作寶貝養大，並且捨得把我差派到宣教地的父母。

我也要對在我離開宣教機構後感到徬徨時，每週用如蜜般的話語來餵養我的河用祚牧師，以及幫助我在美國舉辦研習會、毫不吝惜用讚美鼓勵我的李在訓牧師，向他們深表感謝。

我還要向在以色列與我分享學術異象的朋友，也是我所尊敬的張才一牧師表達感謝。

最後，我要向目前雖已辭世，但是用被稱為現代的「經典」、猶如明珠般的講道集，在以色列持續餵養我的靈命，是我到天國時最想見到的鍾馬田牧師，表示真摯的感謝。

於橄欖山

柳摩西

讓我們透過 Quiet Time 活出不一樣的生命

[低年級版]　　　[高年級版]　　　[清晨國度]　　　[繁體版]　　　[簡體版]

我喜歡耶穌
專為國小兒童
設計的靈修 QT 月刊

每天適量的經文（和《活潑的生命》同樣的進度），配搭趣味的勞作和遊戲，讓孩子們不再覺得聖經那麼難，而是覺得讀聖經很有趣，很自然地愛上QT。當孩子們在生活中，遇到很多和聖經所說不同的挑戰時，也會有一些出口和答案。更重要的是，孩子們透過學習耶穌的屬性，建立最棒的品格！

清晨國度 (青少年版)
專給你好 Young（樣）的
青少年靈修 QT 月刊

專為青少年編寫的靈修月刊。包括了社會名人信仰見證單元、特聘研經教授及專業心理諮商師解答難題與問題，以雜誌性的方式編排，是一本結合教會、家庭、青少年個體的全備靈修月刊！

活潑的生命 (成人版)
基督徒每日
最豐富的生命靈糧

編排優點一

· 每天能默想適量的經文，透過所默想的經文傾聽神的聲音，並應用在實際生活中，進而活出順服的生活。

· 深入導讀聖經書卷之時空背景的「經文解釋」，選自國內外知名著作的默想散文，觸動人心。

· 每週的「小組分享指南」帶出肢體的生命成長；「家庭禮拜指南」幫助家長透過每天的 QT，建立全家一起分享的家庭禮拜，脫離以往教導式的家庭禮拜。

* 亦為海外地區的弟兄姊妹每月發行簡體版《活潑的生命》，和繁體版一樣豐富、完整的內容，請熱心推薦給海外的親朋好友吧！

建立平信徒事奉的健康教會 1 對 1
門徒栽培訓練教材 & 帶領者指南

大地教會的牧會引擎是一對一門徒栽培訓練和QT，是神所賜最棒、最大的祝福，也是能得到最棒的喜樂和幸福的祕訣，並是使現今的教會回到屬靈的根基、福音的基礎之重要事工。

一對一門徒栽培事工使初信的慕道友很容易融入教會，穩定下來。對會友個人的益處更多，原本會友對信仰是搖擺不定的，但透過一對一門徒栽培訓練，就會開始穩定不動搖，並主動服事，心中會產生再培育的盼望。再培育、再生產的原理就是要成為栽培者。神所夢想的是透過「我」這一個人做一對一門徒事工，原本的兩個人變成了四個人，依此類推，十六年後看見的是四十二億九千八百多萬人。我們深信栽培者每天透過 QT 親近神，和神建立美好關係，當他帶領同伴者上一對一時，他美好的靈性就會傳達給對方，而會帶來醫治和恢復。

出版：台灣推喇奴書房
治詢：道聲出版社 02-23938583

聖經芝麻開門 植物故事

作　　者：柳摩西
譯　　者：台灣推喇奴書房翻譯團隊
責任編輯：王桂珠、李慧芝

發 行 人：李馨基
出 版 者：台灣推喇奴書房有限公司
地　　址：11672台北市文山區溪口街107巷2號2樓
電　　話：（02）2931-9066
傳　　真：（02）2931-9010
讀者服務：taiwanqtday@gmail.com
網　　址：www.duranno.tw

2015年9月初版
定價：新台幣320元
▎請尊重版權，勿節錄或影印使用，讓我們文字工作者能
　繼續為您提供服務。

推喇奴學房是使徒保羅在第三次傳福音旅行時，在以弗所篩選已受聖靈的門
徒，以神的話語栽培他們的地方。推喇奴書房按著使徒行傳十九章8至20節的
精神作為事奉的方針。第一，致力於幫助牧者的事奉和訓練平信徒的事奉。第
二，致力於世界宣教（TIM）與文字宣教（月刊、雜誌、單行本）。第三，致
力於耶穌文化及敬拜與讚美事工之推廣，並且也從事家庭與陪談事工等。推喇
奴書房於一九八〇年十二月廿二日在韓國創立，直到主耶穌再來的日子要繼續
在這事工上忠心服事。台灣推喇奴書房二〇〇七年設立於台北。